MATTHIAS HORX
DIE HOFFNUNG NACH DER KRISE

Das Buch

Die COVID-Krise hat gezeigt, dass alte Lösungen nicht mehr zu komplexen neuen Problemen passen. Wie bei anderen großen gesellschaftlichen Umbrüchen setzt Corona aber auch Entwicklungen frei, die schon lange im Inneren unserer Kultur schlummern. So führt die Krise zu einer Richtungsänderung, einem neuen Gesellschaftskontrakt, der die Welt besser machen kann. Das ist die Hoffnung nach der Krise!

Der Autor

Matthias Horx, geboren 1955, ist einer der einflussreichsten Trend- und Zukunftsforscher im deutschsprachigen Raum. Er war Journalist bei namhaften Medien und beschrieb schon vor 40 Jahren den Wandel des Zeitgeists in modernen Gesellschaften. Seine publizistische Arbeit umfasst Bestseller wie *Die Zukunft nach Corona, Wie wir leben werden* und *Das Megatrend-Prinzip*. Im Jahr 2000 gründete er das ZUKUNFTS-INSTITUT, ein Thinktank zur Visionsberatung von Unternehmen (www.zukunftsinstitut.de). Mit seinen Söhnen Tristan und Julian und seiner Frau Oona, die sich ebenfalls der Zukunftsforschung verschrieben haben, wohnt er am Stadtrand von Wien im Evolution House, einem »Raumschiff für Gegenwartsveränderung«.

MATTHIAS HORX

DIE HOFFNUNG NACH DER KRISE

WOHIN DIE WELT JETZT GEHT
ODER WIE ZUKUNFT SICH
IMMER NEU ERFINDET

Econ

Wir verpflichten uns zu Nachhaltigkeit

- Klimaneutrales Produkt
- Papiere aus nachhaltiger Waldwirtschaft und anderen kontrollierten Quellen
- ullstein.de/nachhaltigkeit

MIX
Papier
FSC   FSC® C014496

Econ ist ein Verlag der Ullstein Buchverlage GmbH

ISBN 978-3-430-21066-9

© Ullstein Buchverlage GmbH, Berlin 2021
Alle Rechte vorbehalten
Bildredaktion: Bettina Lambrecht
Umschlaggestaltung: Brian Barth
Autorenfoto: © Klaus Vyhnalek
Alle Rechte vorbehaltenerweise
Gesetzt aus der Adobe Garamond und Gotham
Satz und Repro: LVD GmbH, Berlin
Druck und Bindearbeiten: GGP Media GmbH, Pößneck
Printed in Germany

Inhalt

Einleitung 9
Das tiefe Echo der Pandemie

Die Krise als Abenteuer 15
Enttäuschungen und Hoffnungen

Das Paradox der Krise 25
Katharsis und Kreativität

Das Geheimnis des Fortschritts 45
Warum die Welt trotzdem besser wird

Das Corona-Upgrade 59
Neun Metatrends für die 2020er-Jahre

Die digitale Revision 65
Eine neue Ära des Internet beginnt

Verbundener Individualismus 77
Vom neuen Ich im neuen Wir

Work-Life-Fusion 81
Die neue Arbeitslebenswelt

Die Mindshift-Bewegung 89
Vom Wandel des Bewusstseins in der
Aufmerksamkeitsökonomie

Die urbane Wende 101
Die Verwandlung der Städte – und des »flachen« Lands

Feminisierte Revolten 109
Die neuen »Gender Wars«

Die blaue Revolution 115
Der Durchbruch der postfossilen Transformation

Die ruhenden Reisenden 127
Vermutungen über einen anderen Tourismus

Die Neo-Religion 135
Entwicklungen der säkularen Spiritualität

Nachwort 143
Zurück in die Zukunft

Widmung 150
Abbildungen 151
Literatur 152
Anmerkungen 155

Ich denke darüber nach, dass die Pandemie uns dazu einlädt, Inventur zu machen. Sie eröffnet uns die Gelegenheit, die Bestände unserer Lebensform sorgsam zu sichten, Stück für Stück – und zu überlegen, was wegkann, weil es überholt ist, und was künftig gebraucht wird. Wir stehen in unserem Zusammenleben mit den anderen Kreaturen an einem Scheideweg, das spüren in dieser Pandemie die meisten.

Corine Pelluchon, französische Philosophin[1]

Something is hiding in the texture of time.

Högni, isländischer Songwriter[2]

Die Illustrationen auf den beiden Umschlag-innenseiten stammen von meinem Sohn Julian Horx. Er hat die »Beings« erfunden: blaue, form-bare Wesen, die sich unentwegt selbst in Bezug auf die Welt verändern. Die Grafiken sind Aus-schnitte aus dem CORONA – TRIPTYCHON DES SCHRECKENS, das Sie unter Julian-Horx. com in voller Größe bewundern können.

Vordere Umschlaginnenseite:

Pandemische Vertilgung

Das Virus verschlingt und dekonstruiert uns und setzt uns in große Verwirrung. Es setzt uns Alu-hüte auf und lässt uns auf kleinen, unsicheren Inseln zurück.

Hintere Umschlaginnenseite:

Die Regnose

Wenn wir mit vereinten Geistern in einer end-losen Schleife aus der Zukunft zurück in die Ge-genwart schauen, entsteht der Effekt der Voraus-Sicht durch Rück-Sicht.

Einleitung
Das tiefe Echo der Pandemie

Im Sommer 2020, ein halbes Jahr nach dem ersten Lockdown, der die Welt veränderte, wenige Wochen, nachdem ich meinen Aufsatz »Die Welt nach Corona« veröffentlicht hatte, lag ein äußerst analoger Brief in meinem Briefkasten. Ein Briefumschlag, aus dem sich in einer eleganten Frauenschrift auf feinem Schreibpapier (mit Wasserzeichen) folgender Text entfaltete:

> Was Sie schreiben, ist sicher gut gemeint. Aber es ist längst zu spät, der Karren wird nicht mehr herumgerissen werden können. Corona zeigt, dass die Natur sich gegen uns erhebt. Die Wirtschaft ist ein Todesmarsch ins unbegrenzte Wachstum, die Bevölkerung der ärmsten Länder steigt und steigt. Selbst wenn die Entwicklung heute gestoppt werden würde, sagte mir neulich ein Wissenschaftler, würde alles noch ewig weiterlaufen und die Vernichtung von Mensch und Erde vorantreiben. Aber die Erde kommt auch gut ohne den Menschen aus, sehr gut sogar. Wir ruinieren uns eben selbst, solange wir noch können, und deshalb geht alles den Bach runter.
>
> So empfindet
>
> Helene Müller aus Bergisch-Gladbach

Kennen Sie diesen Sound? Der Untergang als Konsequenz der Geschichte. Die Verderbtheit des Menschen.

Und ist das nicht wunderbar geschrieben? Geradezu poetisch?

Haben Sie selbst schon manchmal so gedacht?

Es lohnt sich, diesen Brief intensiver zu lesen. *Karren. Todesmarsch. Vernichtung. Den Bach runter.* Diese Wörter wurzeln im Schuld- und Strafdiskurs religiöser Weltbilder. Obendrein enthält die Botschaft von Helene Müller aus Bergisch-Gladbach Annahmen, die falsch sind, aber sich zäh als Weltmodelle halten. Zum Beispiel steigt die Geburtenrate in der Welt, auch der Ärmeren, schon lange nicht mehr, sondern fällt. Die »Bevölkerungsexplosion«, die viele Jahre das Schreckgespenst des Zukunftspessimismus war, ist heute widerlegt. Trends können sich verändern. Weltbilder stammen oft aus einer Vergangenheit, von der man sich nicht lösen kann. Wachstum kann auch postmateriell sein, sich von Rohstoffen und Energieverbrauch entkoppeln.

Liest man noch ein wenig tiefer in den Brief hinein, zeigen sich dort noch andere interessante Aspekte. Erstens macht sich die Autorin mit einer sehr klaren, sehr mächtigen Stimme sehr klein. Der Text hat etwas Heroisches, Pathetisches. Er handelt von der ganzen Welt und ihrem Ende. Dem Untergang. Das ist groß. Und doch schließt die Autorin ihre Betrachtung mit dem zarten Begriff der *Empfindung.* Gleichzeitig liegt etwas Heiteres in diesem Text. Innere Welt und äußere Wahrnehmung scheinen aufs Wunderbarste übereinzustimmen. Der Weltuntergang, der hier verkündet wird, scheint eine Art Zufriedenheit, einen Seelenfrieden, auszustrahlen.

Eine Genugtuung.

Alle Probleme sind ein für alle Mal erledigt. Alles ist vollkommen klar und ohne Widersprüche. Die Welt geht unter, und wir alle sind schuld. Man nennt das auch die *dunkle Erlösung.*

Könnte es sein, dass Helene Müller aus Bergisch-Gladbach sich selbst aufgegeben hat, und deshalb alle anderen Menschen, die ganze Welt, aufgeben muss?

Was, wenn wir es ganz gut gemacht hätten?

Ich möchte Ihnen eine kleine ketzerische These anbieten.
Wir haben es eigentlich ganz gut gemacht, mit Corona.
Wie bitte?

Ich behaupte, dass wir – als Individuen, Familien, Nachbarn, als »Deutschland« oder »Europa« oder »Welt« – gar nicht so schlecht mit dieser gewaltigen Herausforderung einer Pandemie umgegangen sind.

Merken Sie, wie dieser Satz *gar nicht geht?* Man kann über die Corona-Krise so ziemlich alles sagen. Aber *das* nicht!

Ist nicht alles vollkommen schiefgegangen? Ein einziges Desaster? Hat die Politik nicht total versagt? Die Wegschließ-Mentalität! Die Impfkatastrophe! Die schrecklichen Corona-Gegner, die allerorts durch die Straßen zogen und die Gesellschaft spalteten! Die mangelnde gesellschaftliche Solidarität! Die steigende Ungleichheit! Die leidenden Kinder! Die Ignoranz der Behörden! Die vielen Toten!

Was wäre, wenn dieses Stakkato der Unzumutbarkeiten nicht die Wirklichkeit, sondern nur ein Ausdruck unserer übersteigerten Ansprüche wäre?

Wir hätten es wie die Neuseeländer machen müssen – eine erfolgreiche No-Covid-Strategie, die die Gesellschaft vereinte.

Aber wir *waren* eben nicht Neuseeland. Wir leben nicht auf einer weit entfernten Insel. Wir hatten keine jugendliche

11

Power-Frau wie Jacinda Ardern als Kanzlerin, die die Nation einte. Wir haben unsere Schwierigkeiten mit der »Nation«.

Wir hätten es so konsequent wie die Chinesen machen müssen!

Wirklich?

Haben nicht die USA und Großbritannien rasend schnell geimpft? Allerdings. Aber wir vergessen dabei, dass es dort vor der großen Impfkampagne eine sehr hohe Zahl von Covid-Todesopfern gab. Und dass diese Länder daraufhin einen Impf-Patriotismus betrieben, indem sie sich die ersten Kontingente der Impfstoffe mit ihrer Wirtschaftsmacht vom Markt wegkauften. Irgendjemand hätte in diesem Spiel immer den Kürzeren gezogen.

Corona war so gut wie überall eine Achterbahn. Italien hatte am Anfang ein schreckliches Trauma mit Tausenden Toten zu verkraften. Und geriet danach in eine Reformphase, die das politische System umkrempelte. Es gab Länder wie Tschechien, Portugal und Polen, wo man sich nicht auf strenge Maßnahmen einigte und dann in schreckliche Situationen geriet. Dort gingen im weiteren Verlauf die Infektionszahlen am konsequentesten zurück. Wer zu Beginn der Pandemie tadelloser Krisenmeister war, wurde in der zweiten und dritten Runde schwer gebeutelt. Und vice versa. Das zunächst verschonte Indien geriet mit der dritten Welle in eine Katastrophe. Das fast coronafreie Australien fühlte sich so immun, dass es kaum impfte. Selbst im Vorbildland Taiwan kam es nach einem Jahr Null-Strategie plötzlich zu einem heftigen Ausbruch. Es gab den schweizerischen Weg. Und den schwedischen, der überall niedergemacht wurde, aber auch seine Vorteile hatte.

Alle hatten Verluste. Alle haben Fehler gemacht. Alle haben um den richtigen Weg gerungen. Unter Streit, Leid und Tränen.

Jedes Land scheiterte auch immer wieder an seinen eigenen Ansprüchen. Seinen Lebenslügen. Seinen Illusionen. Seinen Selbstüberschätzungen.

Warum ist es so schwer zu denken, dass wir diese Krise bewältigt haben, *so gut wie es irgendwie ging?* Das hat womöglich mit unseren Perfektionsansprüchen zu tun. In unserer Anspruchswelt soll alles perfekt funktionieren: Staat, Ökonomie, Politik, der Nachbar. Das verlangen wir einfach, in Krisen ganz besonders.

Wir bewegen uns gerne im Abwärtsvergleich. Was nicht perfekt ist, das ist immer schlechter. Ich nenne das auch den Immerschlechterismus. Auf diese Weise werden wir undankbar. Zu uns selbst und anderen. Wir werden schreckliche Zeitgenossen.

Dabei könnte man *aus der Zukunft* heraus auch ganz anders über die Corona-Krise denken. Zum ersten Mal in der Geschichte haben sich so gut wie alle Länder der Erde geeinigt, ihre gesamte Wirtschaft zu riskieren, um ältere, schwächere oder fragilere Menschen vor dem frühzeitigen Tod zu bewahren.

Hat es so etwas in der Geschichte jemals gegeben? War das nicht ein gewaltiger zivilisatorischer Fortschritt? Zumindest ein Fortschrittsversuch?

Was sagt es über »die Menschheit« und ihre Zukunft aus?

Sind »wir« wirklich diese verderbten, zum Untergang verdammten Idioten, als die wir uns ziemlich oft selbst beschreiben?

War Corona ein ausschließliches Desaster? Oder beinhaltet es auch eine Hoffnung?

Wir erwarten, dass etwas, was uns gequält und gestört hat, irgendwann endgültig vorbei ist. Aber Corona ist nie wirklich

»vorbei«. Wir bewegen uns jetzt in Richtung auf das »pandemische Gleichgewicht«. Das ist ein Zustand, in dem etwas, was nicht akzeptabel war, zu einem akzeptablen Phänomen wird. So geschah es auch schon mit vielen anderen Krankheiten, die Todesopfer fordern.

Dieses Buch ist ein Buch über die Hoffnung. Über das Kant'sche »Was dürfen wir hoffen?«. Über die Zu-Mutungen, in die unser Leben durch Corona geriet. Und was wir daraus lernen können. Ganz nebenbei handelt dieses Buch auch von den großen Zukunftsfragen, die durch die Krise auf so eindringliche Weise aktualisiert worden sind:

Geht die Welt wirklich unter? Sind wir als Spezies verdammt? Ist die Zukunft längst zu Ende? *Kann* »die Welt« überhaupt untergehen?

Die Krise als Abenteuer
Enttäuschungen und Hoffnungen

Man kann jede Krise als eine Art Expedition, eine Abenteuerreise verstehen, die in vier Phasen verläuft. Dabei ist die dritte Phase die eigentliche »Krise«, in der alles zusammenbricht. Von dieser Phasen-Logik erzählen Astronauten, die ein Jahr lang im Orbit zubrachten. Arktis-Forscher, die Monate im Dunklen auf Stationen im ewigen Eis aushalten, wenn der Wind heult. Oder U-Boot-Fahrer, die monatelang auf Tauchfahrt sind.[3] Der Polarforscher Shackleton, der auf seiner Antarktis-Expedition 635 Tage im Eis gefangen war, berichtete vom dunklen Zorn, der nach einem Jahr im Eismeer seine Mannschaft überfiel. Es häuften sich Streitigkeiten, Trunkenheit, Unfälle, Verluste von Armen, Beinen, Vorräten und Menschenleben. Die Disziplin versank in einem Sumpf aus Selbstmitleid und Bereitschaft zur Meuterei.

Das Phänomen der dritten Phase

Die vier Phasen einer Krise sind:

1. Anfangseuphorie: Ready to fight, ready to go!
2. Gewöhnungsphase: Routinen setzen sich durch.
3. Erschöpfung und Bezichtigung: Die Nerven und der Sinn gehen verloren.
4. Heimkehr und Hoffnung: Entstehen des *Neuen Normal*.

Krisen-Katharsis, die

Eine Katharsis (altgriechisch κάθαρσις »Reinigung«) ist jener Zustand, in dem sich innere Konflikte und Emotionen in einen Ausbruchszustand hineinsteigern. Es kommt zu Gefühlseruptionen, die im günstigsten Falle zu einer inneren Wendung, einer Bereinigung und Akzeptanz führen. Im negativen Fall kommt es zu einer Abwärtsspirale, einer Dekonstruktion mit anschließender Depression.

Der Dritte-Phase-Effekt hat etwas mit unserem Dopamin-System zu tun, mit jenem körpereigenen Hormon, das uns zu ungewöhnlichen Leistungen antreibt. An der Startrampe zum Raumschiff, beim Auslaufen des Schiffes aus dem Hafen, mobilisieren wir zunächst alle Energien. Wir sind euphorisiert, voller Adrenalin und Kampfbereitschaft angesichts einer Gefahr, die wir meistern wollen. So war es in der ersten Corona-Welle im Frühling 2020. In der zweiten Phase bilden sich Routinen der Gewöhnung aus – hier wirkt das Oxytocin, jenes Hormon, das uns in einen Zustand gemeinsamer Verbundenheit und Entspannung versetzt. Wie im Sommer 2020, als alles schon vorbei zu sein schien in Sachen Corona.

Doch wenn unsere Expedition länger dauert, geraten wir in eine Energiekrise. Pünktlich zum Jahreswechsel 2021, bei wieder steigenden Infektionszahlen, kippte die öffentliche Stimmung in den Modus des marodierenden Zorns. Das mediale System ging wieder in den Zustand des *Competitive Complaining* – jenes Beklagungs- und Bezichtigungs-Wettbewerbs über, in dem nur noch das Negative zählt, das man sich gegenseitig um die Ohren haut.

Die dritte Krisenphase: Alle hacken aufeinander ein

In dieser chaotischen dritten Krisenphase entsteht ein moralisierender Meinungskrieg, der sich in Schuldvorwürfen erschöpft – die »Meineritis«. Mein Freund, der Autor Michael Lehofer, hat diesen Effekt der »Vermeinung« in seinem Buch *Mit mir sein*[4] so beschrieben:

Gerade in einer Situation, in der man nicht in der Lage ist, sich zu orientieren, zu wissen, wie etwas ist, neigen wir dazu, uns statt der Orientierung eine eigene Meinung zu bilden. Die innere Stellungnahme soll uns jene Sicherheit bieten, die uns die Welt nicht geben kann. Der Nachteil an dieser sehr häufigen Theorie ist, dass wir durch die Meinungen bereits zu wissen glauben, wie es ist. Wir blicken also nicht mehr neugierig und aufmerksam auf die Welt. Meinungen beenden das Interesse an etwas und schließen uns von der Welt ab. Sie führen dazu, dass wir

17

den Wahrnehmungsprozess abschließen und der Kommentar sind, mit dem wir uns die Welt erklären.

Krise bedeutet Kontrollverlust. Sie stellt immer ein unauflösbares Dilemma dar. Das ist das Wesen einer Krise, und in einer Pandemie sind alle Maßnahmen in irgendeinem Sinne falsch: Alles schließen, alles öffnen, Schulen schließen, Läden dichthalten, Kinder impfen, nächtliche Ausgangssperren, vorsichtige Öffnungen – was *immer* wir auch wollten oder bevorzugten oder für unabdingbar hielten, welchen wissenschaftlichen oder moralischen Kriterien wir auch folgten – es hat *immer* fatale Auswirkungen woanders.

Durch eine echte Krise kann man sich deshalb nur *hindurchlavieren*. Man befindet sich *immer* auf unbekanntem Terrain. Wenn man dabei wach bleibt, gerät man in ein inneres Lernen. Einen Prozess der Umwandlung. Die Griechen nannten das die Katharsis. Die Verabschiedung von den Illusionen und Trugbildern, die man mit der Wirklichkeit verwechselte. Die Sicht wird wieder klar.

Paradoxerweise ist es gerade die dritte Phase, in der sich die *Lösungen* abzeichnen. Mitten im Trubel der Selbst- und Fremdvorwürfe ist die Sache längst entschieden. Jetzt fügen sich die einzelnen Erkenntnisse und Irrtümer zu einem Wirkungssystem zusammen. Das Ende der Krise ist in Sichtweite, aber unser Hirn hat sich in Erschöpfung und Beleidigung verirrt.

> *»Freude ist eine Form des Widerstands.«*
> Alicia Keys

In Phase vier könnten wir glücklich aus dem All zur Erde zurückkehren. Oder mit unserem Expeditionsschiff in den Hafen einlaufen, wo am Ufer Menschen warten, die begeistert klatschen. Allerdings kann man diese Begeisterung nur spüren, wenn man sich unterwegs *verwandelt* hat. Sonst werden die Kaimauern alt und grau aussehen, und die Blaskapelle macht nur Lärm. Und wir fangen wieder dort an, wo wir vorher schon gescheitert sind.

Die Epidemie des Zynismus

Corona hat ein Phänomen hervorgebracht – oder vielmehr herausgelockt – das ich *pandemischen Zynismus* nennen möchte.

Zynismus ist eine Verherrlichung von Negativität. Zynische Menschen haben das *Staunen* verlernt – jene ursprüngliche Neugier, mit der wir die Welt als Wandel betrachten können.

Die gröbste Variante des Zynismus ist der Zynismus der Macht. Wir haben in der Corona-Zeit viele große Lügner erlebt: Trump, Putin, Bolsonaro, Lukaschenko. Männer, die ihre Macht durch eine durch und durch zynische Welthaltung errungen haben. Corona hat diesen Macht-Zynismus, der auf dem Diktat der Lüge beruht, deutlicher gemacht. Der Populismus hat in der Pandemie weitgehend versagt, weil er sich niemals auf eine sorgende Haltung zur Gesellschaft einlassen kann. Die Corona-Todesraten waren in vielen Autokratien besonders hoch. Und die Menschen besonders verzweifelt.

Zynismus ist aber auch eine Art innerer Zaubertrick: Eine mentale Strategie, mit dem Leiden, das mit der menschlichen Existenz verbunden ist, umzugehen. Er besteht in einer Haltung *negativer Überlegenheit*.

Der Zyniker ist der Meister des Abwärtsvergleichs. Er vergleicht das, was er als Wirklichkeit erlebt, immerzu mit seinen Ansprüchen. Da seine Ansprüche immer auf Perfektion zielen, fällt die Wirklichkeit in seinen Augen in die Kategorie »unzumutbar«. Aus dieser negativen Differenz bezieht er seine höhnische Haltung.

Zyniker sind ins Misslingen verliebt. Sie beziehen ihr Selbstwertgefühl aus einer Pose der Überlegenheit. Sie haben immer alles schon gewusst, wissen immer alles besser. Das ist die Stimmungslage der manischen Internet-Kommunikation, der digitalen Häme, der unendlichen Hick-Hack-Debatten, die zu nichts führen als zu geistigen Entzündungen.

Auch Verschwörungstheorien sind Spielarten des Zynismus. Man umgibt sich mit der Aura des Geheimwissens – »Bill Gates steckt hinter allem« –, um nichts an sich herankommen zu lassen. Für die Corona-Verschwörer sind diejenigen, die ihren Wahn nicht teilen, »Schlafschafe«. Dabei sind sie selber niemals aufgewacht aus ihrer Angst.

Eine weitere Variante des Zynismus ist das, was man *gestapelte Negativität* nennen kann. In dieser Haltung wird das Kritische, das Skeptische, zu einer hermetischen Weltsicht verherrlicht. Zu einer Ideologie, in der das Positive, oder Bessere, eine pure Illusion ist. Es handelt sich um einen Hochmut, der aus innerer Verzweiflung stammt.

Als ehemaliger Journalist ist mir der »*SPIEGEL*-Zynismus« ziemlich vertraut. In den meisten Storys dieses Nachrichtenmagazins steht ein großes ABER oder *DOCH* am Anfang und am Schluss jeder Geschichte. Das klingt dann manchmal so wie in den folgenden Sätzen: *Die Digitalisierung in den Schulen kommt voran – ABER es ist alles noch schlimmer als gedacht ... Ein Umweltproblem wurde gelöst,*

DOCH dadurch werden andere Umweltprobleme noch schlimmer ... Es gibt weniger reale Verbrechen, ABER das wird sich bald ändern ... Ein Krieg wurde beendet, ABER er ist noch nicht vorbei ... Die Impfungen gehen jetzt schneller, ABER jetzt streiten sich die Hausärzte um die Verteilung des Impfstoffes.

Auf diese Weise befindet sich die Welt in einer unentwegten Abwärtsspirale. Gestapelte Negativität türmt so lange Probleme übereinander, bis es kein Durchkommen mehr gibt. Niemals ist etwas genug. Jede Lösung weist auf ein noch größeres Problem hin. Niemals gelingt etwas, und Erfolge sind immer nichtig.

Der Sound der Hoffnungslosigkeit.

Frei nach James Bond: *Die Welt ist nie genug!*

Es gibt noch andere Varianten des Zynismus. Zynismus des Reichtums und der Verachtung der Armen. Zynismus des demonstrativen Konsums. Apokalyptischer Zynismus. Alle Formen des Zynismus sind in ihrem Kern *Beziehungsverweigerungen*. Sie weisen ab. Zynismus verweigert den Trost, die Zu-Neigung zu anderen, zum Leiden und zum Leben. Und zur Zukunft. Er verweigert vor allem die Selbst-Zuneigung, die wir zum Leben brauchen.

»Aber die Erde kommt auch gut ohne den Menschen aus, sehr gut sogar. Wir ruinieren uns eben selbst, solange wir noch können, und deshalb geht alles den Bach runter.«

Krisen rütteln wach und lassen uns am »Weiter wie bisher« zweifeln. Krisen stellen uns die Frage: Was liegt mir wirklich am Herzen? Welche Verantwortung möchte ich dafür übernehmen? Darüber hinaus gehen die meisten Menschen sogar gestärkt aus solchen

Herausforderungen hervor. Selbst wenn
ein Verlust endgültig ist und nicht
aufgewogen werden kann, ist es dennoch
möglich, ihn konstruktiv zu bewältigen
und an der Auseinandersetzung zu reifen
und zu wachsen.

Malte Klar, Lea Dohm[5]

Die große Beleidigung

Was hat Corona mit uns *gemacht*? Corona war eine tiefe Beleidigung. Eine einzige Zumutung.

- Wir sind mit unserer menschlichen Verletzlichkeit konfrontiert worden. Mit der Tatsache, dass wir in einer hoch technisierten Zivilisation unsere Umwelt nicht kontrollieren können, so wie wir uns das wünschen und längst als selbstverständlich voraussetzen.
- Wir sind mit unserer gegenseitigen Abhängigkeit konfrontiert worden. Mit unseren Bindungen an die Natur und an die Mikrowelt. Mit unserer Verantwortung für uns *und* andere, die wir nicht einfach an »die da oben« delegieren können.

Diese Beleidigungen, diese im Wortsinn Ent-Täuschungen mussten natürlich große Energien freisetzen. Der Aufwand, die Situation zu leugnen, war gigantisch, lautstark, ohrenbetäubend. Aber während in den Talkshows rund um die Uhr Versagens-Verhöre stattfanden und sich jede Fernsehkamera auf den attraktiven Wahn der »Anti-Corona-Demos« richtete, blieben Millionen und Abermillionen, die ganz große Mehrheit, geduldig, konstruktiv, einander zugewandt.

Selbst auf dem Höhepunkt der Krise waren rund zwei Drittel der deutschen Bevölkerung der Meinung, man sollte »schmerzhafte und entschlossene Maßnahmen« ergreifen. In der tiefsten Phase der Verunsicherung, im März 2021, als sich die Krise endlos hinzuziehen schien wie ein real gewordener Albtraum, blieben die »Corona-Gegner« eine kleine, isolierte Minderheit. Die Mehrheit der Menschen blieb optimistisch. Obwohl das mediale Bild etwas ganz anderes suggerierte.

Für wie viele Menschen hat die Corona-Krise das Leben tatsächlich verändert – im Sinne neuer Entscheidungen, Lebensveränderungen? Darüber gibt es keine absoluten Zahlen, denn solcher Wandel ist immer graduell unterschiedlich, schlecht messbar. Eine Studie des Thinktanks Global Future in England fand allerdings heraus, dass fast zwei Drittel der Befragten entweder in Job- oder Beziehungs- oder Wohnortsfragen Neues begannen.[6]

Wie also werden wir aus der Zukunft heraus, aus dem Abstand von 10 oder 20 Jahren, auf diese Krise zurückblicken?

- Werden wir uns an eine schlimme Zeit erinnern, in der eine globale Krisen-Ära begann, ein *pandemisches Zeitalter* mit Kriegen, Wohlstandsverlust und Kulturzerfall?

- Wird sich die Krise aus der Zukunftsdistanz als eine unbedeutende Unterbrechung von Routinen erweisen (»Ach, ihr meint diesen komischen Winter, wo wir nicht rausdurften?«)?

- Oder entsteht durch die Corona-Krise etwa Drittes, Neues, was wir noch nicht klar sehen und erkennen, aber doch *erfühlen und erahnen* könnten?

Das Paradox der Krise
Katharsis und Kreativität

In meinem Buch *Die Zukunft nach Corona* habe ich das Prinzip der *Regnose* vorgestellt: Anders als bei der Prognose, die von heute in die Zukunft schaut, versetzen wir uns in der Regnose wie mit einer Zeitmaschine in eine vorgestellte Zukunft und schauen zurück ins Heute. Was wir dadurch erleben, ist eine transformative Erfahrung. Wir sehen die Welt mit neuen Augen.

Gehen wir einen Schritt weiter. Oder besser zurück. Und beginnen mit einer Doppel-Regnose: Schauen wir in die Vergangenheit, um in einer großen Schleife zurück in die Zukunft zu gelangen. Um von da aus besser die Gegenwart zu verstehen.

Wie Katastrophen die menschliche Kultur verändert haben

Steigen wir hinab in den tiefen Keller der Mikroben und Bakterien – und zu deren Verhältnis zur menschlichen Spezies. Auf welche Weise haben Pandemien, Seuchen, Epidemien und andere Katastrophen in der Vergangenheit die menschliche Kultur verändert?

Stellen wir uns Europa im 14. Jahrhundert vor. Die großen Imperien der Antike sind seit Jahrhunderten zerbrochen. Die Völkerwanderungen und die Ritterzeit mit ihren anhaltenden Kleinkriegen haben die europäische Bevölkerung lange Zeit niedrig gehalten – jetzt wächst sie langsam wieder. Der Kontinent ist ein Patchwork: Dünn besiedelte Regionen, in denen Menschen rein von familiärer Subsistenz leben, stehen einigen Clustern autonomer Handelsstädte gegenüber, vor allem in Norditalien, entlang der Rhone und an der holländischen Küste. Eine erste Welle der Globalisierung bringt Luxusartikel aus dem nahen und fernen Osten – Seide, Weihrauch, Stoffe, Edelsteine, Tabak – zu den Reichen.

Auf diesem Handels-Trail wird auch das Pestbakterium mitreisen, so wie heute Corona im weltweiten Flugverkehr.

Herrschaft ist in dieser Welt flüchtig, abstrakt oder sehr brutal. Über allem aber thront als letzte Zentralinstanz der Klerus. In den Kirchen herrscht der Prunk des Goldes, die Pracht der Zukunft, der Überfluss des Paradieses, der in erlösendem Kontrast zum allgegenwärtigen Mangel steht.

Und doch ist diese Welt auch sozial und geistig in Bewegung. Das Feudalrecht wird in den Städten durch eine neue Schicht von Händlern und Handwerkern angefochten. »Zweifel und Zukunftsangst quälten Klerus und Bürgerschaft«, schreibt der Historiker Klaus Bergdolt in *Der Schwarze Tod in Europa*[7]. Dazu kommt noch ein Klimawandel. Im Europa des frühen 15. Jahrhunderts wird es deutlich kälter. Die »kleine Eiszeit« beginnt, und mit ihr werden die Ernten schlechter.

> *Man war so betroffen und voller Angst, dass man sich in Gruppen zum Essen versammelte, um Trost zu erlangen. Der eine gab eine Mahlzeit für zehn Bekannte. Aber er konnte bald nichts mehr auftischen, weil er selbst krank geworden war. Oder es fanden sich, wenn das Mahl für zehn bereitet war, zwei oder drei weniger zum Essen ein.*
>
> Giosuè Carducci[8]

Die Pest, die ab 1347 von Asien aus den europäischen Kontinent erobert und mindestens ein Drittel der Bevölkerung in schnellen, grausamen Schnitten tötet – eine von Tier zu Mensch und umgekehrt übertragbare Zoonose wie das Corona-Virus –, ruft in dieser aufbrechenden Welt größte Verzweiflung hervor. Sie wird auf der religiösen Folie, die das Leben prägt, als Strafe Gottes, als Beginn des Jüngsten Gerichts gesehen. Und so sind die Reaktionen zunächst fromm-fanatisch: Flagellanten ziehen durch die Städte, Juden-Pogrome und Hexenverbrennungen wuchern.

Aber gleichzeitig zerbröckelt die Macht der Kirche. Die Menschen beginnen, sich Fragen zu stellen. Welche ungeheuren Sünden muss die Menschheit auf sich geladen haben, um solche Peinigung zu erleiden?

Warum konnte alle Frömmigkeit dies nicht verhindern? Ist Gottes Wille wirklich »Wille«?

Am Ende der Pestzeit beginnt eine neue Ära. Ein tiefgreifender gesellschaftlicher Wandel. Die Renaissance. Ein gewaltiger soziokultureller SHIFT, der alles durchdringt: Ökonomie, Werte- und Glaubensysteme, Denkweisen. Organisationssysteme. Der Historiker Frank Snowdon[9]:

> Die Beulenpest führte zur Erfindung der öffentlichen Gesundheit, zu enormen Transformationen in Kultur und Wirtschaft, sie trug dazu bei, dass sich ein zentralisiertes Staatswesen herausbildete. (…) Ich würde nicht so weit gehen zu sagen, dass sie zur industriellen Revolution führte, aber sie war eine der Grundvoraussetzungen dafür, dass die industrielle Revolution stattfinden konnte.

Natürlich müssen wir uns vor falschen Kausalitäten hüten. Die Geschichte verläuft nie linear, sondern in überraschenden Schleifen. Vor allem Epidemien haben aber die besondere Eigenschaft, dass sie einen alten Konsens, eine gesellschaftliche Verbindlichkeit, auflösen können. Dadurch werden geistige, soziale, revolutionäre Strömungen freigesetzt, die im Latenten schlummerten.

Mitte des 15. Jahrhunderts beginnt die neue Zeit als neues Denken. Zunächst in kleinen intellektuellen Eliten, die die Pest überleben, indem sie ihr entfliehen – in selbst gewählter Quarantäne. Ein Schlüsselwerk ist Boccaccios *Decamerone*. Das Werk schildert in 100 Novellen die *Conditio Humana* zur Pestzeit. Zehn junge, reiche Florentiner haben sich in ein Landgut in den Hügeln um Florenz zurückgezogen, während die Seuche drei Viertel der Stadtbevölkerung tötet. Man erzählt sich jeden Tag amüsante Geschichten – über Sünder, Verbrecher, Irrende, Pfaffen, Unfälle, Beziehungen, sexuelle Obsessionen und andere Abenteuer. Ein barockes Werk, ein humanes Pandämonium voller Ironie und Spott, lustvoll dekadent und auf eine frühe Weise existenzialistisch. Hier wird angesichts der Katastrophe der Mindset einer göttlichen Ordnung demontiert. Ein neues Menschenbild scheint auf, das gnädig mit Verfehlungen und Moralverstößen umgeht.

Damit öffnet sich ein Möglichkeitsraum hinein in das, was in der spätmittelalterlichen Gesellschaft noch verschlossen blieb: das individuelle Sein. Das Empfinden des Selbst. Die Verwirklichung und Entfaltung des Humanen im Diesseits.

Der neue Möglichkeitsraum

Welche Parallelen können wir von dieser Situation in die heutige Zeit ziehen, die Post-Corona-Zeit?

Wandel im Herzen der Gesellschaft erscheint offensichtlich immer dann, wenn ein bestimmter *Mindset* an seine Grenzen stößt. Die Pest führte das religiöse Weltsystem der Gottgefügigkeit an eine Grenze, hinter der es keine Zukunft mehr gab.

Corona hat uns womöglich dorthin geführt, dass wir dem Glauben an den linearen technologischen globalen Fortschritt nicht mehr wirklich *empfinden* können. Dem Versprechen, in einer immer sicheren, ab-gesicherteren Welt leben zu können, in der alles immer effizienter, schneller, vernetzter, sicherer und gleichzeitig vergnüglicher wird. Das Versprechen des *digitalen Kapitalismus,* der dominante Zukunfts-Code unserer Zeit, ist in die Bredouille geraten.

Durch den Bruch einer Tiefenkrise wird eine alte Zukunft verschlossen und ein neuer Möglichkeitsraum eröffnet. Dieser Möglichkeitsraum ist am Anfang noch leer und wüst; sozusagen unerfüllt. Weil das Angst macht, fliehen viele Menschen immer wieder ins *Alte Normal* zurück – dorthin, wo wir uns in der Vergangenheit in Sicherheit wähnten.

Aber auch dort fühlen wir uns nun auf eine seltsame Weise verloren, unwohl, ungesichert.

Typisches Anzeichen einer solchen Übergangsphase, die von einem Paradigma zum nächsten (wenn man so will: von einer Zukunft zur anderen) führt, sind starke *Retrotopien*: Strömungen, die versuchen, mit Gewalt in eine idealisierte Vergangenheit zu reisen – die nie existierte. Nichts anderes ist der Populismus à la Trump und AfD.

Es ist wichtig, dass wir in dieser Situation verstehen, dass sich das Neue nicht mit den alten Methoden und Denkweisen, den *Frames* von gestern, herstellen lässt. »Lösungen« bedeuteten immer neue Betrachtungsweisen. In seinem Buch *Wie wir die Welt verändern* schreibt der Glücks- und Kognitionsforscher Stefan Klein:

Der Ausweg aus der Sackgasse eröffnet sich in einem Prozess, der aus zwei Phasen besteht. In der ersten Phase versuchen die Menschen noch, das Problem mit den bekannten Konzepten zu lösen – bis sie sich schließlich ihr Scheitern eingestehen müssen. Die zweite Phase bringt dann die Transformation: Das Problem wird neu formuliert.[10]

Technik und Soziotechnik

Die Pest-Pandemie des 15. Jahrhunderts hatte auch ökonomische Folgen, die über Knappheiten zu neuen Sozialstrukturen führten. Während man vor der Pest immer genügend Menschenmaterial für sklavenähnliche Arbeit zur Verfügung hat, verknappt das Massensterben radikal die menschliche Arbeitskraft. Gleichzeitig haben viele jüngere Überlebende plötzlich Vermögen geerbt und sind von Arbeit unabhängig.

Menschliche Arbeit wird kostbarer. Sie muss anders geplant und neu organisiert werden. Auch hier lassen sich Parallelen zwischen »Pest und Corona« herstellen.

> *Das Konzeptionsjahr des Menschen der Neuzeit war das Jahr 1348, das Jahr des Schwarzen Todes.*
>
> Egon Fridell[11]

Technologien scheitern in ihren Anfängen oft durch Herrschaftsinteressen und ein Überangebot billiger Arbeit. Wie im China des 14. Jahrhunderts, das damals über alle modernen Techniken bereits verfügte, sie aber nicht anwendete – Buchdruck, Feuerwaffen, maschinelle Mechanik, all das diente allenfalls Repräsentationszwecken am kaiserlichen Hof. In der Pest-Epidemie Europas konnte sich der Buchdruck durchsetzen, weil plötzlich keine billigen »Rescriptoren« mehr zur Verfügung standen, die Bibeltexte kopierten. So entstand ein anderes gesellschaftliches Kommunikationssystem – vergleichbar mit dem Aufkommen des Internet in unserer Zeit.

Mit Krisen verbunden sind immer auch sozioökonomische Innovationen. Venedig und andere Stadtstaaten reformierten in den Pest-Wellen um 1630 ihr Bankenwesen und ihr Steuer- und Sozialsystem.[12] Damit entstanden langfristige Strategien der Investition – in Künste, Architektur, aber auch in die ersten Formen von Allgemeinbildung. Die Gesellschaft wurde mobiler, weil viele Menschen ihre Dörfer und Landstriche verließen. In England brachen Bauernrevolten aus. Zünfte und Ausbildungssysteme entstanden. Brügge und Mailand, die koordiniert gegen die Seuche handelten und weitgehend von der Pest verschont wurden, erlebten danach eine lange Blütezeit als Handelsstädte.

Zur Ära des Aufbruchs nach der Krise gehörten auch Lifestyle-Rebellionen. »Männer trugen lange Bärte nach Art der Barbaren und schnitten sie nicht ab.«[13]

Den entscheidenden Wandel der Renaissance, der schließlich zur Neuzeit führte, war jedoch ein *Semiotic Shift* aus dem Inneren der Kultur selbst. Die Renaissance beendete die Ära der Imitation, die mit der religiösen Dogmatik verbunden war (China und der islamische Kulturkreis verharrten noch über Jahrhunderte in solchen »Kopierkulturen«). In Kopierkulturen ist das Neue, das Andere, keine in die Kultur eingebettete Kategorie. Das höchste Ziel ist die *Reproduktion* der Traditionen. Der *Sinn* der Gesellschaft ist die Perfektionierung des Vorhandenen.

Die Kraft der Resilienz

Wir sollten die Vergangenheit nicht idealisieren. Die Renaissance entstand nicht *durch* das schreckliche Leiden der Pest. Sondern in einer Reaktion darauf.

In medizinischer Sprache beschreibt man diesen Prozess als posttraumatisches Wachstum – jenes erstaunliche Phänomen, bei dem durch schreckliche Erfahrungen und tiefe Traumata eine Gegenkraft ausgelöst werden kann. Die Psychologen Reinhard Tedeschi und Lawrence Calhoun haben diesen Effekt untersucht – jene Resilienz, die auch in den schrecklichsten Krisen noch Widerstand und Wachstum ermöglicht. Sie beschreiben fünf Phänomene, die in Krisensituationen als Gegenkraft gegen die Verzweiflung und die Negativität wirken:

1. Eine erhöhte Wertschätzung für das Leben selbst – Widerentdeckung der Dankbarkeit.
2. Sinnvollere zwischenmenschliche Beziehungen – Entscheidungen, sich von unproduktiven Beziehungen zu trennen.
3. Ein Empfinden persönlicher Stärke, das entsteht, wenn wir etwas »überleben« (das Trotzdem-Gefühl).
4. Ein Bewusstsein für neue Möglichkeiten – das Entdecken neuer Lebensziele und Werte.
5. Verstärkte Zuneigung zu einem reicheren spirituellen Leben.

Unsere Vorfahren haben diese Gegenkräfte immer schon genutzt – nutzen müssen, um zu überleben. Daraus entstand im Grunde alles, was menschliche Zivilisation ausmacht. Im persönlichen Maßstab zeigt sich dieser Resilienzprozess, wenn Menschen schwere Krankheiten erleiden und sich plötzlich neu erfinden.

Der Krisen-Mechanismus, der die menschliche Geschichte vorantreibt, funktioniert nach dem evolutionären
Prinzip. Evolution verläuft nach dem Muster des Scheiterns
(des Aussterbens) und der Mutation. Die humane Zivilisation
fügt nun die *Adaption* in den Bausatz der Zukunft.

Krisen sagen uns, dass es in eine bestimmte Richtung
nicht weitergeht. Wir haben die Wahl, andere Wege zu gehen. Oder es zu verweigern.

Das Gesundheitsparadox

In Krisen-Zeiten leben die Menschen gesünder. Und
manchmal sogar länger.

Corona hat in einigen Ländern die durchschnittliche Lebenserwartung für einige Monate messbar verkürzt. Aber es
gibt auch einen Gegeneffekt auf einer längeren Zeitskala: In
Krisen-Epochen *steigt* die Lebenserwartung bisweilen schneller als in Prosperitätszeiten.

In der Weltwirtschaftskrise 1929 gab es Hunger, Unruhen
und Verelendung weiter Teile der Bevölkerung in den damali-
gen Industriestaaten. Dennoch stieg die durchschnittliche Lebenserwartung von 1929 bis 1933 von 57 auf 63 Jahre. In Krisensituationen entsteht offenbar ein unbewusst anderes
Verhalten, das Effekte für die Gesundheit mit sich bringt. Ver-
einsamung wird durch »Zusammenrücken« ausgeglichen.
Viele Menschen schlafen mehr und sind enger bei der Familie.
Besonders Ältere bekommen mehr Aufmerksamkeit und Bin-
dung an ihre Familie. Manche Stressoren sind reduziert, wie
häufiges Ausgehen oder Übermobilität. Man kocht mehr
selbst. Während ein kleiner Teil mehr zum Alkohol- oder Dro-
genexzess neigte, reduzierte die Mehrheit ihren Süßigkeiten-
Konsum (es gibt weniger, wofür man sich belohnen konnte).

In China gab es während des Corona-Lockdowns 6,2 Prozent weniger Tote durch Herzkrankheiten, 9,2 Prozent weniger Tote durch Unfälle, 14,3 Prozent weniger Tote durch Lungenkrankheiten. Insgesamt schätzen Wissenschaftler, dass der 40 Tage andauernde Lockdown mit der besseren Luft etwa 32.000 Menschen in China das Leben gerettet hat, die sonst an anderen Krankheiten gestorben wären – deutlich mehr als die offizielle Zahl von 4600 Covid-19-Opfern.[14]

Krisen als *Powershift*

Das Standardmodell unseres Denkens über Katastrophen geht von der These von der »dünnen Kruste der Zivilisation« aus. Wenn die Strukturen des Alltags zusammenbrechen, fallen alle blutrünstig übereinander her.

Die amerikanische Kulturhistorikerin Rebecca Solnit kommt in ihrer großen soziologischen Studie *A Paradise built in hell* (»Ein Paradies in der Hölle gebaut«) zu einem anderen Ergebnis: Große Katastrophenereignisse – Erdbeben, Explosionen, verheerende Stürme, Fluten und Überschwemmungen – können die Gesellschaft in eine eigentümliche soziale Schwingung versetzen und zu außergewöhnlichen Solidaritäts-Leistungen bringen. Im Moment der Gegenwehr gegen eine Katastrophe wachsen wir als Individuen nicht selten über uns hinaus – unser kollektiver Überlebenssinn wird aktiviert.

Solnit erzählt zum Beispiel die Geschichte der Kosmetikerin und Masseurin Amelie Holshouser, die im großen Erdbeben von San Francisco 1906 ihr Apartment und ihr kleines Geschäft verlor. Als Obdachlose baute sie im Golden Gate Park ein kleines Zelt auf, um zu überleben. Während in der Stadt Brände wüteten, begann sie, mit einer Freundin Suppe für die Erdbebenopfer zu kochen. Aus dem Zelt entwickelte

Der Begegnungsort »Union Park« in New York nach 9/11

sich über Wochen eine ganze Zeltstadt, schließlich Holzhütten und Gebäude, in der Menschen zusammenkamen, sich gegenseitig stützten, schliefen, gemeinsam speisten, nach Verwandten suchten. Holshouser nannte ihre Schöpfung »The Mizpah Cafe«, nach dem hebräischen Wort für Wachturm. Es wurde eine Art von kleiner Republik mit einer eigenen sozialen Struktur, mit nahezu egalitären Verhältnissen. Geld spielte kaum eine Rolle, Hilfsbereitschaft breitete sich aus wie eine positive Infektion.

Eine andere Solidaritätswelle zeigte sich nach den New Yorker Terrorattentaten vom 11. September. Die Stadt war zu diesem Zeitpunkt voll mit traumatisierten Menschen, die umherwanderten. Ein arbeitsloser Rave-DJ veranstaltete mit einer Gruppe von Freunden eine Art Happening. Auf dem Union Square, einem kleinen Park in Manhattan, stellte die Gruppe Pappwände auf und Filzstifte zur Verfügung, mit denen die Menschen ihre Gedanken und Gefühle aufzeichnen konnten. Die Aktion dauerte Wochen, und der Ort wurde zu einem öffentlichen »Healing Place«, an dem getrauert, Musik gemacht, getanzt und bis in die tiefe Nacht über die Zukunft debattiert wurde.

Nicht selten kommt es nach Katastrophen allerdings zu Konfrontationen zwischen spontan organisierten Bürgern und staatlichen Organisationen. Wie bei der New-Orleans-Flutkatastrophe von 2005. In den amerikanischen Massenmedien kochten drei Tage nach der Flut *Fake News* über gewalttätige Plünderungen und »Rape Gangs« hoch, die im »Superdome« in der Innenstadt sogar Babys vergewaltigt hätten. Dort türmten sich die Leichen – so hieß es in Talkshows. Die Nationalgarde marschierte ein und behinderte die Rettungsaktionen von Bürger- und Hilfsorganisationen, internierte Flutopfer in von bewaffneten Gardisten bewachte Camps. Damit wurde das Elend nur verlängert und verschlimmert.

> *Im Schatten eines Erdbebens, einer Bombardierung oder eines großen Sturms sind die meisten Menschen altruistisch, sie kümmern sich um sich selbst und um diejenigen um sie herum, Fremde wie Nachbarn – die Mär vom egoistischen, panischen oder regressiv »verwilderten« Menschen hat wenig Wahrheit in sich. Das wurde in unendlich vielen Studien und Erfahrungen bewiesen. Aber das Gerücht, der falsche Glaube, läuft der Wahrheit voraus, und immer wieder entstehen die großen Schäden durch diejenigen, die glauben, im Schatten von Katastrophen Abwehrmaßnahmen gegen die Barbaren treffen zu müssen.*
>
> Rebecca Solnit[15]

»Desaster Communities«, spontan entstandene Katastrophen-Gemeinschaften, lösen sich meist bald wieder auf. Aber manchmal führen sie zu gesellschaftlichen Transformationen.

Das große Erdbeben in Mexiko City im Jahr 1985 (mehr als 10.000 Todesopfer, 350.000 Obdachlose) wurde zum Ausgangspunkt einer fast ein Jahrzehnt andauernden Ära der Revolte und des Wandels. Das Erdbeben riss den Deckel vom Topf einer korrupten Politik. Bürgerkomitees und spontan gegründete Bewegungen konnten mit massiven Protesten Reformen durchsetzen. Die »Damnificados«, die vielen obdachlos gewordenen Menschen, schlossen sich zusammen und übten so lange Druck aus, bis Modernisierungsinitiativen entstanden. Eine besondere Rolle spielten die Frauen aus den zerstörten Fabriken, die eine eigene, später mächtige Gewerkschaft gründeten. Wohnungen für die Armen wurden gebaut, Infrastrukturmaßnahmen, die Jahrzehnte lang nicht vorankamen, waren plötzlich möglich. Gesundheits- und Bildungsversorgung der 20-Millionen Stadt machten große Sprünge, weil ein Desaster die Menschen in einer neuen Entschlossenheit mobilisiert hatte.[16]

Noch einmal Rebecca Solnit:

Die Geschichte der Desaster zeigt, dass wir vor allem soziale Tiere sind, hungrig nach Verbindungen ebenso wie nach Sinn und Bedeutung. Das lässt die Vermutung zu, dass das »normale Leben« manchmal das eigentliche Desaster ist, und dass uns Krisen und Katastrophen manchmal die Chance für den Wandel geben. Sie sind ein Riss in den Wänden, die uns normalweise hemmen und abschotten, und was dann hineinflutet, kann enorm destruktiv, aber auch kreativ sein.[17]

Ist auch die Corona-Krise eine solche »Powershift-Krise«? Auf den ersten Blick erscheint das nicht so deutlich. Aber dennoch hat sich durch Corona im politischen Gefüge vieler Länder eine Menge verschoben. In mehreren Ländern – etwa den USA, Brasilien, womöglich sogar Russland und den Philippinen – hat der Populismus durch Corona seine Magie, seinen heroischen Glanz verloren, auch wenn nicht sofort ein Machtwechsel stattfand. Umgekehrt wurde die weibliche Macht in Ländern gestärkt, in denen Frauen durch die Krise führten. In anderen Ländern, etwa in Italien, führte die Pandemie zu einer politischen Katharsis, die Jahrzehnte von unsinnigem Parteienstreit plötzlich außer Kraft setzte. Obwohl der Staat in den Maßnahmen gegen die Pandemie eine entscheidende Rolle spielte, verschoben sich in vielen Ländern die Gewichte zu zivilgesellschaftlichen Organisationen. Während die Regierung zum Beispiel in Indien in der katastrophalen dritten Welle in tiefes Schweigen verfiel, organisierten Basis-NGOs wie Khalsa Aid und Hemkunt Foundation die rarste Ressource: Sauerstoff. Welche Symbolik![18]

Es ist nicht ganz unwahrscheinlich, dass sich im Nachhinein der Corona-Krise das politische Spektrum grundlegend rekonfiguriert. Hin zu einer »integralen« Politikform, die sich von den alten Polarisierungen – Rechts-Links, neoliberal-sozialistisch – endlich verabschiedet. In Bidens Konsens-Politik und dem Erfolg der Grünen (und anderer unabhängiger Bewegungen weltweit, etwa den »Piraten«) zeichnet sich eine »Neue Integrative Politik« ab, die das Existenzielle des Politischen wieder als zentrale Aufgabe sieht: die Gesellschaft zusammenzuhalten und den Wandel von der Zukunft aus zu gestalten, statt unendlich die Denkkonzepte des 20. Jahrhunderts zu wiederholen.

The Big Shift: Gene, Meme, Popkultur

»**Don't mention the war!**« Dieses Zitat aus der Comedy-Serie *Fawlty Towers* hängt in meiner angelsächsisch-deutschen Familie über dem Küchentisch. Es stammt von John Cleese, der als Mitglied von Monthy Python berühmt wurde. Wir halten uns nicht allzu sehr daran, aber es ist ja nur ein ironisches Zitat (und in einer Folge der Serie wird der Krieg gegenüber deutschen Besuchern natürlich ständig erwähnt). Ab und zu aber kommen wir, wenn wir den Krieg und seine Folgen erwähnen, an eine schmerzhafte und ziemlich verstörende Erkenntnis.

Die größte Zivilisationskrise der Geschichte, die finsterste Barbarei, die mörderischste Epoche der Weltgeschichte, hat einen epochalen Wandel ausgelöst, eine gigantische Modernisierung, der zumindest für einen großen Teil der Welt ein gewaltiger Fortschritt war.

Meine Großeltern flüchteten aus dem Osten Deutschlands, aus Pirna bei Dresden, wo sie nach dem Krieg unter dem Kommunismus keine Lebenschance sahen, ein Jahr vor meiner Geburt nach Westdeutschland. Sie verließen ihre schöne Altbauwohnung mit Meißner Porzellan und Stuckdecken und landeten in einem Flüchtlingsheim, wo sie getrennt in 12-Betten-Zimmern schlafen mussten. Den Rest ihres Lebens verbrachten sie in einer Sozialbauwohnung im Ruhrgebiet, in der sie niemals heimisch werden konnten. Meine Eltern waren schon ein Jahr vorher von Berlin aus in den Westen gegangen.

Ich habe fast mein halbes Leben gebraucht, um zu verstehen, wie traumatisiert meine komplette Familie durch die Kriegs- und Nazizeit tatsächlich war. Und warum sie auf eine geradezu fanatische Weise nach *Normalität* strebte.

Und damit immer wieder scheiterte.

Der »große westliche Wandel«, der sich in der Nachkriegszeit von den 1960er-Jahren bis zur Jahrtausendwende vollzog, war vielleicht die größte Renaissance in der Geschichte. Die Katharsis, die durch die Mega-Katastrophe des Nazireiches entstanden war, die alle zivilisatorischen Gewissheiten und Kontinuitäten zerstörte, krempelte im Nachgang die Fundamente des Gesellschaftlichen komplett um. Vergleichbar war das nur mit dem Übergang von der Jäger-und-Sammler-Kultur zur Agrargesellschaft. Der sich allerdings über zehntausend Jahre hinzog.

Aus der fragilen Demokratie der Vorkriegszeit wurde in dreißig, vierzig Jahren eine institutionelle Demokratie, in der Gewaltenteilung, Bürgerrechte und Check-and-Balances fest verankert wurden. Es folgte der Aufstieg der parlamentarischen Demokratien, die in wenigen Jahrzehnten mehr als die Hälfte der Welt eroberten. (In meiner Jugend in den 70er-Jahren gab es in Westeuropa noch fünf brutale Militärdiktaturen, die folterten und schossen wie heute das Militär in Myanmar oder Belarus.)

Aus dem Hörigkeits-Autoritarismus, der nicht nur die deutsche Kultur seit den Kaiserreichen geprägt hatte, wurde eine individualisierte, dynamische Mittelschichtsgesellschaft, in der die Werte Selbstverwirklichung und persönliche Autonomie hoch geschätzt wurden. Aus dem Lebenssinn von Pflicht, Schuld und Fremdbestimmung stieg das Idealbild eines freien, auch sexuell befreiten Individuums auf. Der Triumph des Hedonismus als grundlegendes Sinn-Prinzip verband sich mit dem Konsumismus als Freiheit der Wahl. Und keineswegs nur für kleine Minderheiten!

Die ideologisierten Weltbilder des ersten Teils des 20. Jahrhunderts, von den Fanatismen des Kommunismus und des Faschismus geprägt, lösten sich in eine pragmatische und materialistische Weltsicht auf. Die Leitidee dieser Moderne war der Wohlstand als gemeinsames Gut. Die Auflösung alter Klassenschranken. Die Bedeutung von Bildung *für alle*.

Die Popkultur brachte schließlich eine Explosion aller Sinne mit sich. Wer sich jemals den Energien des Rock 'n' Roll und der vielen anderen Spielarten des Pop hingegeben hat (vom französischen Kino bis Warhol bis Techno und darüber hinaus), erlebte eine neue Utopie von Geist und Gefühl, die in alle Richtungen Freiheits- und Intensitäts-Schneisen in die Welt schlug. Popkultur war Hoffnungsenergie in reiner Form. Gefühle, Emotionen, Selbst-Wahrnehmung, Ekstase als Lebensgefühl.

Vielleicht ging aber auch alles zu schnell. Und deshalb geht es heute so oft scheinbar Richtung rückwärts, ins Finstere hinein.

Natur kennt nur den Gencode als Träger der Veränderung. Die menschliche Zivilisation hat zusätzlich die Meme als Agenten des Wandels. Die Codes der Kultur, die Zeichen der Gesellschaft, mutierten in diesem Zeitraum nach der Weltkatastrophe des Zweiten Weltkriegs so schnell wie noch nie in der Geschichte.

Die Welt wurde ein einziges verflochtenes Band.

Memesis, die

Die Genesis der Meme. Abgeleitet vom Wort »Mem« ist die *Memesis* der kulturell-gesellschaftliche Wandlungsprozess, der sich in der Mutation von Codes und Zeichen, »Sitten und Gebräuchen«, aber auch Denkmustern und Ideenwelten, die in der Gesellschaft fluktuieren, ausdrückt. In ihrer kleinen, eher ironischen konzentrierten Form sind »Memes« seit vielen Jahren ein bedeutender Teil der Netzkultur. Man spricht hier allerdings eher von Mikromemen. Meme mutieren durch »Verbindungshaftigkeit«, indem sie kulturelle Muster aus Vergangenheit und Zukunft immer wieder neu in Verbindung setzen und dadurch kulturelle Mutationen schaffen.

Natürlich ging der *Big Shift*, der Kulturwandel der Aufbruchszeit, nicht immer nur in eine gute Richtung. Es gab fatale Kriege der westlichen Führungsmacht. Der Wirtschaftsboom des Westens trug zunächst immer noch Elemente des Kolonialismus in sich. Der exzessive Konsumismus, der einst Freiheit versprach, ist heute unser größtes Zukunftsproblem. Manche Entgrenzungen im Namen der Toleranz erweisen sich heute als Stolperfallen für den gesellschaftlichen Konsens. Aber der Wandel der Nachkriegszeit ist ein Beispiel, wie grundlegend sich Gesellschaftsformen in kurzer Zeit *futurisieren* können. Alles scheint gleich zu bleiben, aber plötzlich wandelt es sich rasend schnell. Und schon leben wir in einem komplett anderen Lebens-Universum. Das ist die Erfahrung meiner Generation.

> *Gesellschaftliche Sitten ändern sich stärker,
> als man denkt. Würden wir durch eine
> Zeitmaschine ins Jahr 1981 zurückversetzt,
> wären wir schockiert darüber, wie viel die Leute
> beispielsweise geraucht haben und wie viel Zeit
> sie damit zubrachten, vor Telefonhäuschen zu
> stehen, die nach Urin stanken, mit den Münzen
> in den Taschen ihrer hässlichen Schlag- oder
> Röhrenhosen zu klimpern und mit ihren eklig
> gelben Zähnen zu knirschen. Als Frau wären Sie
> empört über die offenen sexistischen
> Männergespräche. Als Nichtweißer würden Sie
> wegen des beiläufigen Rassismus aufbegehren.*
> Niall Ferguson[19]

Durch die Corona-Erfahrung sehen wir uns allerdings wieder mit einer alten, quälenden Frage konfrontiert. Es ist die Gretchenfrage der Zivilisation: Wodurch entsteht Fortschritt? Inwieweit sind Krisen, tiefe und schreckliche und grausame Krisen, nicht nur unvermeidlich. Sondern womöglich *Bedingung* für jede Art von Wandel und Fortschritt?

Wie schlimm muss es noch kommen, damit es besser wird?

Das AIDS-Paradox

AIDS war die letzte große weltweite Seuche vor Corona. Ich kann mich erinnern, wie wir – die in den Achtzigern noch jung waren – schaudernd und frierend aufwachten aus einem Traum erotischer Selbstentfaltung. In der Lifestyle-Zeitschrift *TEMPO* schrieb ich damals einen zutiefst frustrierten Artikel, in dem ich das Zeitalter des Aufbruchs für beendet erklärte. Schluss mit lustig, auch für uns Heteros: AIDS würde eine neue Ära der Prüderie erzeugen, alle Fortschritte in Sachen Toleranz zerstören, die Homosexuellen gettoisieren – wenn nicht Schlimmeres. Und ein neues, erzkonservatives Biedermeier hervorbringen.

Was wirklich passierte, war eher das Gegenteil.

Heute können in 36 Ländern Homosexuelle heiraten. Das ist, global gesehen, nicht wirklich viel. Aber *Gay Culture* hat sich auf Tausenden Wegen überall ausgebreitet; schwule Lebensweisen, Ästhetiken, Codes beeinflussen die *Straight*-Kultur heute intensiv. Wie entspannt und alltäglich die meisten Menschen heute mit dem Schwulsein umgehen, kann einen bisweilen zum Staunen bringen. Selten hat sich eine kulturelle Grund-Codierung so radikal geändert. (Dass dieser Prozess nicht vollendet, immer wieder gefährdet und in manchen Ländern brutal unterdrückt ist, bleibt trotzdem wahr.)

AIDS ist nicht mit Corona zu vergleichen, sagen jetzt viele. Aids betraf ja nur *ganz wenige.* Darf ich Sie fragen, wie viele Menschenleben AIDS gefordert hat? (Corona wird wahrscheinlich mehr als fünf Millionen Menschenleben fordern.)

Die Antwort: 38 Millionen!

Viele Autoren und Soziologen haben sich Gedanken darüber gemacht, wie es zu diesem »progressiven Paradox« kam. Wie kommt es, dass ausgerechnet eine diskriminierende Seuche neue Toleranzen ermöglichte?

Es waren wahrscheinlich zwei Faktoren:

- Das schwule Milieu musste zur Selbstverteidigung aus seinem hedonistischen Nischendasein herauskommen und sich organisieren. Dadurch wurde es sichtbar und wirkmächtig – und verbündete sich mit anderen Emanzipationsbewegungen.
- Durch das schreckliche Sterben wurde der »Normalgesellschaft« vor Augen geführt, dass Homosexualität in jeder Familie, in jedem Unternehmen, überall im Kulturbereich existierte. Man konnte auf Dauer schlecht Menschen verdammen, mit denen man verwandt war, die man liebte oder als Fan bewunderte. In dieser *emotionalen Dissonanz* siegte das Mitgefühl über die kulturelle Norm.

So zeigt die AIDS-Katastrophe die progressive Resilienz von Krisen. Weil Menschen empathische Wesen sind, kann das Schreckliche auch das Gute und Richtige mobilisieren. Bedingung dafür ist, dass wir *empfindsam* bleiben. Melancholisch ausgedrückt: Es ist gerade unsere Verletzlichkeit, die uns im Unglück weiterbringt.

Das Geheimnis des Fortschritts
Warum die Welt trotzdem besser wird

Im November des Jahres 2010 lernte ich den Weltstatistiker Hans Rosling kennen. Ich traf ihn im Hof der Oxford Library, einem neugotischen Gebäude aus dem 17. Jahrhundert, das mit seinen vielen Zinnen und Türmchen und Bögen aussieht wie Hogwarts in den Harry-Potter-Werken. Es regnete in Strömen. Ein dünner Mann mit dicker Brille in einem Regencape, der ein aufgeklapptes Taschenmesser in der Hand hielt, leuchtete mit einer Taschenlampe in die tropfnassen Büsche und den wuchernden Efeu. »I am looking for a pointer«, sagte er in seinem lustigen skandinavischen Englisch. Und säbelte an einem krummen Ast herum, um ihn später als Zeigestock bei seinem Vortrag zu verwenden.

Rosling war auf derselben Veranstaltung einer globalen Investment-Firma eingeladen wie ich. Soeben war das weltweite Bankensystem zusammengebrochen, und jeder spürte, dass die goldene Party der Nullerjahre vorbei war. Von Rosling und mir als Zukunftsforschern erwartete man sich Tröstungen in der Krisen-Verunsicherung, »Optimism, please!«, stand auf der Einladungskarte.

Der Magier der Möglichkeiten

Hans Rosling war ein Star der neuen Disziplin der »dynamischen Statistik«. Es war die große Zeit der *Infografiken*, jener animierten Charts, die aus jeder Kurve ein Designobjekt machten. Hans Rosling stand noch vor seinem

Weltruhm (den er erst wirklich posthum erhalten sollte), aber er hatte bereits seine wunderbaren »Welt-Bubbles« mitgebracht, die er auf einem uralten Projektor in der staubigen Oxford-Bibliothek präsentierte. Dabei ließ er bunte Kreise über den Bildschirm wandern, die Weltstatistiken von Hunger, Leben und Tod repräsentierten. Und er zeigte mit seinem krummen Ast auf Details, die er begeistert kommentierte. Er schaffte es, vermeintlich dröge Informationen so unterhaltsam darzustellen, dass die Menschen im Publikum ständig anfingen zu lachen. Und zu hoffen.

Mitten im Vortrag gab der alte Beamer mit einem sanften »POFF« und einer kleinen Rauchwolke den Geist auf und ließ sich nicht mehr reparieren. Was den Saal vollkommen in die Heiterkeit zog.

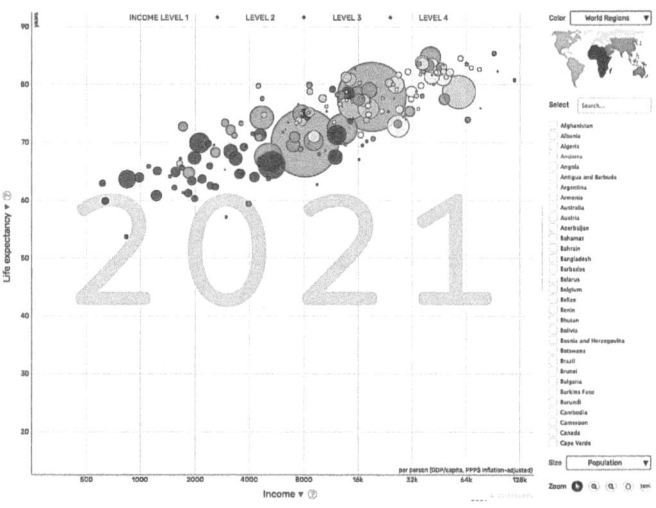

Das Gapminder-Datenblatt für den Weltwohlstand 2021. Die Größe der Kreise ergibt die Bevölkerungszahl. Mit wenigen Ausnahmen sind alle Länder heute wohlhabender und langlebiger als vor 20 Jahren.

Hans Rosling zeigte mit seinem Buben-Charme und seinen wandernden Statistik-Kugeln eine ganz andere Welt als die, die wir alle aus den Medien gewohnt waren. Jene Welt des ständig eskalierenden Elends und des politischen Versagens vor Hunger und Armut. Sein *Gapminder*-Daten-System (von »Mind The Gap« – der berühmten Ansage in Londoner U-Bahnen, was aber auch »Beachten Sie die Differenz« bedeuten kann), das alle Grund-Daten der globalen Wohlstandsentwicklung seit 200 Jahren enthielt, zeigte etwas Verblüffendes. Die *reale* Welt befindet sich in einer langfristigen, dynamischen Aufwärtsentwicklung. Lebenserwartung, Gesundheit, Einkommen, Geburtenrate, Einkommensverteilung, Kriminalität, Bildung, Frauenrechte: Praktisch alle Parameter, die man zu den Grundlagen des Wohlstands zählt, verbesserten sich à la longue im Durchschnitt *aller* Länder.

Trotz oder vielleicht sogar wegen aller Krisen.

Im Jahre 1973 konnten 47 Prozent aller Menschen lesen und schreiben. Heute (Stand 2020) sind es 75 Prozent. 1995 gehörten 1,6 Milliarden Menschen zur globalen Mittelschicht. Heute sind es 3,8 Milliarden, und es werden täglich rasant mehr – große Volkswirtschaften wie China, Indien oder Brasilien entwickeln alle Anzeichen aufstrebender Mittelstandsgesellschaften.

Hans Rosling, genialer Dateninterpretierer

Die Schleifen-Welt

Diese Weltsicht negiert keineswegs Krisen und Katastrophen. Im Gegenteil. Alle 20 oder 50 Jahre macht die Fortschritts-Linie, die von der Armut in den Wohlstand führt, einen Knick oder eine Schleife. Eine Krisen-Schleife, hervorgerufen durch Kriege oder Epidemien oder einen Wirtschaftseinbruch oder politische Turbulenzen, eine Naturkatastrophe oder »Bad Government«. Kommen alle diese Faktoren zusammen, ist der Absturz des sozioökonomischen Fortschritts besonders groß. Dann kann sich über eine gewisse Zeit die Lebenserwartung in einem Lande drastisch reduzieren, und das Einkommen ebenso. Es entstehen *Failed States.*

Aber irgendwann geht es auch aus dieser Schleife des Schlechten wieder heraus nach oben. Für alle.

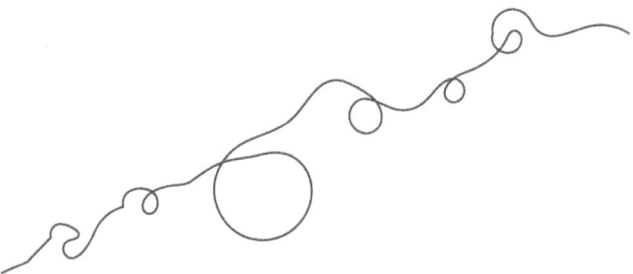

Die klassische (durchschnittliche) Wohlstandslinie eines Landes über 200 Jahre

Kommt Ihnen das nicht bekannt vor? Auch aus dem persönlichen Leben? Die erste Krise in der Kindheit – ein kleines Wackeln. Ein Verwandter oder der geliebte Hund stirbt, oder man muss umziehen. Und schon geht es wieder weiter. Dann die Pubertät, eine richtig heftige Schleife. Nach scheinbar ruhigen Aufstiegsjahren Richtung Erwachsenheit die große Familienkrise. Eine Scheidung, die alles verändert. Eine Alterskrankheit, die uns in Bitterkeit stürzt ...

Es kann auch dauerhaft nach unten gehen. Aber es sind gerade die Einbrüche, die uns wirklich weiterbringen. Wie wir auf sie reagieren, entscheidet unsere Zukunft. Wie oft haben Menschen sich nach schweren Krankheiten, schlimmen Lebens-Ereignissen auf erstaunliche Weise weiterentwickelt.

Wer immer nur im selben Erwartungs-Universum bleibt, kann sich nur schwer entwickeln. Ohne Einbrüche, ohne Krisen, bleiben wir auf seltsame Weise *flach.*

Rekursion

Re-generation

Regression

Was sich in der universellen Schleifen-Linie zeigt, ist das *nonlineare Wesen* komplexer Prozesse. Kein Trend kann sich immer nur in eine Richtung entwickeln. Komplexe Systeme zeichnen sich dadurch aus, dass sie Sättigungspunkte entwickeln. Dass sie Teil von umfassenden Dynamiken sind, die Krisen als *Rekursionen* erzwingen: In diesen Krisen verbindet sich das Alte mit dem (unfertigen) Neuen zu einer neuen Synthese. Eine Re-Generation.

Oder es beginnt eine Regression. Auch das ist möglich, aber weniger wahrscheinlich. In der Regression fallen wir auf eine frühere Stufe (des Denkens, der Organisation, der Entwicklung) zurück. Das Komplexe, das wir erreicht hatten, zerfällt. Das ist in einer Krise immer eine Möglichkeit.

Aber viel wahrscheinlicher ist die Entwicklung einer

neuen Komplexität. Denn das Wesen komplexer Systeme ist die Emergenz: die Entwicklung immer neuer Formen und Farben der Selbstorganisation. Man kann dieses universelle Welt-Dynamik-Modell auch einfach und profan ausdrücken: Um nach »oben« zu gelangen – in die höhere Komplexität – müssen wir Salto schlagen. Saltos bergen ein gewisses Risiko. Aber sie können auch gelingen. Man muss nur üben und üben. Scheitern und neu beginnen. Und das machen wir alle. Unentwegt. Ob wir's wissen oder wollen oder nicht.

Vom Moralismus zum Possibilismus

Hans Roslings Vorträge und Darstellungen hatten immer eine seltsam polarisierende Wirkung auf das Publikum.[20] Während ein großer Teil der Menschen im Saal in produktives Staunen verfiel (»die Welt ist ganz anders, als ich sie mir *vor*gestellt hatte!«), schüttelten etwa ein Drittel der Zuschauer im Saal die Köpfe und erstarrten in Abwehr. *Wie bitte? Wie kann das sein? Das ist doch alles nicht wahr!*

Ich habe viele Male erlebt, wie sich das bis zu moralischen Aggressionen steigern konnte: *Das sind doch selektierte Daten! Das ist doch nicht wissenschaftlich! – Und was ist mit Syrien? – Wo kommt denn hier, bitte sehr, die Armut in den Slums vor? – Und was ist mit den unterdrückten Frauen weltweit? Den Beschneidungen in Afrika? Dem Terror gegen die Obdachlosen?*

Man kann das Allgemeine mit dem Speziellen erschlagen. Das geht ganz einfach. Man muss nur das Spezielle zum Allgemeinen *deklarieren*. Dann ist man immer fein raus. Auf der moralischen Super-Position, die sich nicht mehr um Verbesserung kümmern muss. Sondern auf Anklage beharrt. Für Hans Rosling waren solche Reaktionen äußerst verstörend.

Bei einem Interview mit einem deutschen Journalisten, der ihm »naiven Optimismus« vorwarf (»Wie *können* Sie nur so optimistisch sein?«), wurde er ein bisschen laut: »Ich bin kein Optimist, ich bin kein Pessimist!«, rief er in seinem eigentümlichen Schwenglisch. »Ich bin ein *Possibilist*! Ich denke in *Möglichkeiten*!«

Possibilismus, der

Auch »Konstruktives Möglichkeitsdenken«. Eine Welthaltung, die nicht von den Problemen und Negationen ausgeht, sondern an den Möglichkeiten entlang nach vorne schaut. Bedingung dafür ist eine Wahrnehmung der Ganzheitlichkeit. Die Phänomene, die uns umgeben, werden in ihren Zusammenhängen und Potenzialitäten verstanden. Possibilismus vermeidet die Komfortabilität des negativen und zynischen Denkens und setzt den Problemen eine regnostische Haltung entgegen: »Aus der Zukunft gesehen können wir das lösen!«

Ein verbreitetes Mittel, um die Realität abzuwehren, ist, sie zu moralisieren. Diese Aussage klingt zunächst paradox, aber sie erklärt sich, wenn wir etwas mehr über die Funktionsweisen der Empathie wissen. Und über die emotional-kognitiven Grundlagen unserer Welt-Wahrnehmung.

Für unsere »Beweltigung« (absichtlich mit e geschrieben) haben wir zwei parallele Wahrnehmungs-Systeme zur Verfügung. Der Psychologe Daniel Kahnemann hat diese beiden Modi in seinem Weltbestseller als *Schnelles Denken, Langsames Denken* beschrieben.

Das eine System – System 1 – reagiert spontan, instinktiv, emotional. Das andere System 2 arbeitet langsam und analytisch. Das erste nutzt Gefühle. Das zweite baut geistige Modelle. Das eine lebt von Affekten. Das andere von Zusammenhängen.

Beide Systeme sind wichtig. Sie definieren den Menschen und seine Fähigkeiten.

Wenn beide Systeme gut zusammenarbeiten, sind wir *zukunftskompetent*. Wir nehmen dann die Wirklichkeit in all ihren Dimensionen wahr. Mit Herz und Hirn. Mit Sinn *und* Verstand. Wir können unsere Rolle in der Wirklichkeit bestimmen.

Und unsere Wirkung verstehen.

In einer hypermedialen Kultur, in der rund um die Uhr emotional angeschärfte Informationen, also Reize, auf uns einstürzen, werden unsere Wahrnehmungssysteme jedoch ständig in Richtung von System 1 verzerrt. Wir werden zugunsten von Affekten und moralischen Wertungen »geprimt«. Das versetzt uns gleichzeitig in einen ständigen Zustand emotionaler Überforderung.

Zynismus ist eine Art und Weise, damit umzugehen. Der Zyniker konstruiert seine Welt so, dass ihm alles wurscht ist. Eine andere, kollektive Art des Umgangs mit emotionaler Reizüberflutung ist die moralische Hysterie.

Moralische Überforderung ist die Ursache für den allgegenwärtigen »Identitarismus«, der alles in Loyalitätszwänge verwandeln will. Sie ist der eigentliche Grund für die Zukunftslosigkeit, die so viele Menschen spüren. Im Extremfall kann der moralische Furor sich aufschaukeln und irgendwann in einen Nervenzusammenbruch, in den Populismus oder gar Terrorismus führen. Dabei ist der Grund für den Furor nicht die Bösartigkeit oder Kälte eines Menschen – sondern seine Empathie.

Moral

Ethik

Für unsere Zukunftsfähigkeit ist es wichtig, den Unterschied zwischen Moral und Ethik zu verstehen.
Moral ist ein *Emotions*-System, in dem es allein um Identifikation geht. Sie ist geprägt vom Mitgefühl mit Menschen, die leiden. Moral kann tatsächlich ein wichtiger Impuls sein, Empörung kann uns aktivieren. Aber sie neigt auch zu hässlichen Nebenwirkungen, bei denen kein Arzt oder Apotheker uns helfen kann. Sie führt in bestimmten Kultur-Kontexten sofort in den Bannkreis von Trump. Oder in die Verschwörungs-Schwurbel-Kiste, aus der man so schnell nicht mehr herauskommt.

Ethik ist dagegen ein Denksystem, das sich um das Ganze kümmert. Um die Kontexte von Entscheidungen. Die Konsequenzen von Handlungen *und* Haltungen. In der Ethik denken wir mehrdimensional: Wir kontrastieren unsere Gefühle mit logischen Erwägungen, balancieren Impulse mit Erfahrungen. Wir handeln *aus* dem Gefühl heraus *in* einem System. Dabei verstehen wir auch Paradoxien. Die Rückkoppelungen und Rekursionen unserer Handlungen.

In einer ethischen Betrachtung müssen wir zum Beispiel die Maßnahmen gegen das Corona-Virus in irgendeiner Weise mit den Schäden, die Lockdowns und andere Einschränkungen in der Gesellschaft erzeugen, *abwägen.* Wir müssen *realisieren,* dass wir uns in einem Dilemma befinden, das im Moment keine »Lösungen« erlaubt. Dass wir (derzeit) nicht alles wissen können. Und Wissen immer begrenzt ist.

In einer Krise gibt es keine moralische Lösung. Aber eine ethische Handlungsposition. Dass wir uns in einer bestimmten Phase so haltlos über Corona zerstritten haben, hat genau mit diesem Problem zu tun: Der Moralismus, der sich wechselweise an alle möglichen Loyalitäten binden konnte – an die Toten im Krankenhaus, die armen Kinder zu Hause, an Krankenschwestern oder Einsame oder Restaurantwirte oder an die arbeitslosen Künstler – bot keine Lösung auf die komplexen Probleme, vor die Corona uns stellte.

Moralismus steigert sich leicht in einen »Empörismus«. Der benutzt die mediale Welt als eine Art Erregungs-Bühne, auf der nicht Lösungen gesucht, sondern Schuldzuweisungen verhandelt werden. Es geht dabei auch nicht *wirklich* um die Opfer. Opfer werden vielmehr dazu benutzt, sich in eine moralische Pose zu begeben.

Um wahrhaft Veränderung zu bewirken, braucht man eine gewisse Distanz. Man muss das Ganze sehen, die Zusammenhänge, um die richtigen Wirkungen zu finden. Die Trigger Points, die eine selbst organisierte Veränderung ermöglichen.

Man muss dem System, mit dem man es zu tun hat, zuhören.

Man muss seine »Verklemmungen« und Potenzialitäten verstehen.

Man benötigt eine Art *futuristischer Magie.*

Possibilismus basiert neben dem Sinn für Veränderung auf einem tiefen Respekt vor dem, was *ist.*

Das FOBO-Prinzip:
Warum wir Angst vor dem Besseren haben

Der »Mad Hatter« – Wahn durch Quecksilber-Vergiftung in der frühen industriellen Textilproduktion

Sie kennen vielleicht das FOMO-Prinzip. *Fear of missing out.* Furcht, etwas zu verpassen. Die Idee, dass immer dort etwas »los« ist, wo man gerade nicht ist, treibt notorische Partygänger an, Bankspekulanten, aber auch ganze Konsumbranchen – Mode zum Beispiel.

Viel interessanter – und brisanter – ist allerdings das FOBO-Phänomen: *Fear of Better Options.* Angst vor besseren Optionen. Man erlebt diese Angst immer dann, wenn Verbesserungsvorschläge gemacht werden, die tatsächlich hilfreich sein können. Die erste Reaktion darauf ist häufig: Kopfschütteln. »Das kann gar nicht gehen, weil …« Oder Whatsaboutism: »Und warum verbessern wir nicht dieses und jenes, dort sind die Zustände doch noch viel schlimmer und Verbesserungen viel dringender?«

Wie erklärt sich diese Abneigung gegen Lösungen und

das Beharren auf Problemen? Ganz einfach: Probleme sind für unser Hirn attraktiver, weil sie dem Gehirn Vertrautheit suggerieren. »Mit meinen Problemen kenne ich mich aus«, sagt unser Regressiv-Hirn. »Da lasse ich mir nicht hineinreden.« Probleme markieren eine Komfortzone. Das Wort Pro-Blem stammt ab vom Lateinischen »für« (*pro*) und »blem«, was wahrscheinlich aus einem mittelalterlichen deutschen Wortstamm für »Klage« stammt.

Gegen die FOBO-Krankheit hilft nur der Mut zur Entscheidung. Die Liebe zur Zukunft. Und das Versprechen, auch mit dem Nichtperfekten leben zu können.

Die »drei W« der Krise

Krisen weisen uns – oft drastisch, deutlich, brutal – darauf hin, was im Leben wirklich *wichtig* ist. Damit verkünden sie uns *Wahrheiten*, die uns dabei helfen können, in einer echten *Wirklichkeit* zu leben. Wirklichkeit ist eine Realität, in der wir wirken *können*.

Hans Rosling war Statistiker, aber seine Statistik galt immer den Menschen. Den humanen Zusammenhängen. Einer Selbstverpflichtung, die uns über uns selbst, unsere Ängste, Befürchtungen, Regressionen, hinausführt in die *Wirksamkeit*.

Im Alter von 28 Jahren zog Hans als idealistischer Assistenzarzt für »Ärzte ohne Grenzen« in den Dschungel nach Mozambique, wo in der Endphase des Bürgerkriegs unfassbare Armut herrschte. Er kümmerte sich dort nicht nur um die Kranken, sondern um die örtliche Infrastruktur, das Transportwesen, die Hygienebedingungen. Er lernte, mit den knappsten Mitteln den höchsten Vorteil, den *möglichsten Fortschritt* zu erzeugen.

Im Jahr 2017 verstarb Hans Rosling. Seine letzte große Gesundheits-Aktion fand 2016 während der Ebola-Krise in Westafrika statt. Er fuhr auf eigene Kosten nach Liberia und stellte sich den Gesundheitsbehörden vor. »*Ich möchte Ihnen helfen, Ebola zu beenden! Ich habe Erfahrung mit der Brechung gefährlicher Seuchen in Afrika …!*«

Ich erinnere mich an ein enthusiastisches Radiointerview, das er dem BBC gab. Er schwärmte von den Daten, die er erhoben hatte, und wie daraus durch Versuch, Irrtum und Erkenntnis eine immer bessere Strategie entstand, die Seuche zu stoppen. »*In the end we will manage it, we will manage!*«, sagte er immer wieder ins knackende Mikrofon, das in irgendeinem Vorposten der WHO in einem Vorort von Monrovia aufgestellt war.

Er schwärmte nicht vom Problem. Er brannte für die Lösung.

Wichtigkeit

Wirklichkeit

Wahrheit.

Wichtig ist, dass wir die Angst nicht als Wut missverstehen. Angst ist ein natürlicher Reflex, der uns am Leben halten soll. Die Kunst der Krisenbewältigung besteht darin, die Angst durch uns hindurchgehen zu lassen. Sie hat eine Botschaft, die uns etwas über unser Verhältnis zur Welt mitteilen möchte. Es gibt keine Angst, die sich nicht zurückzieht, wenn man sie bewusst zulässt.

Wichtig ist, die Rolle des Mutes zu verstehen. Krisen sind Zu-Mutungen, die auch unseren Mut herausfordern, die

Dinge anders zu sehen. In der Krise kann man lernen, sich selbst treu zu sein, indem man sein altes Denken und Fühlen verrät.

Wahrhaft unwichtig sind *Meinungen.* Jede Krise erzeugt auch ein rasendes und trötendes Karussell der Meinungen, die sich immer im Kreis der Empörung drehen. Aber Meinungen sind letztlich Auspuffgeräusche unseres Egos, das mit aller Macht versucht, die Kontrolle (Deutungsmacht) zu bewahren.

Sehr wichtig ist, dass wir *uns verlassen* können. Man lese genau: Sich *verlassen* heißt, jemandem vertrauen zu können. Aber auch *sich selbst zu überschreiten.* Das *Alte Normal* innerlich zu überwinden.

Wirklich, wirklich wichtig sind die Verbindungen und Beziehungen, die uns tragen und auch dann in der Welt halten, wenn sich alles ändert. Krisen stellen unsere Bindungen klärend auf eine Probe, und darin liegt ein großes Geschenk, dessen Annahme in die Zukunft führt.

Das Corona-Upgrade
Neun Metatrends für die 2020er-Jahre

Wie also wirken Krisen auf unsere Zukunft? In der nüchternen, aber auch zur Poesie befähigten Sprache des Systemischen ist eine Krise nichts anderes als Komplexitätsversagen. Ein bewährtes evolutionäres System (ein »Wirkungskomplex«) wird durch einen starken äußeren Einfluss, einen *Impact*, in eine Überforderung getrieben. Es entsteht ein Komplexitätsüberschuss, der nicht mehr im Rahmen des Systems gelöst werden kann.

Im Falle des Corona-Virus war das überforderte System unser kollektives Immunsystem, das sich – in den meisten Regionen der Erde – einige jahrzehntelang in einem halbwegs stabilen Gleichgewicht mit der mikrobiologischen Welt befand. Durch die Impferfolge der Nachkriegszeit, die Entdeckung der Antibiotika und die Entwicklung der Hygiene gelang es, die großen mörderischen Epidemien weitgehend zu beherrschen. Sogar in den armen Ländern wurden sie langsam zurückgedrängt, etwa die Tuberkulose und die Malaria.

Dieses System scheiterte, als durch industrielle Lebensformen, in denen Mensch und Tier extrem nah beieinander lebten (oder durch einen Laborunfall – ganz auszuschließen ist das nicht), ein Überschuss viraler Vitalität entstand. Die Mutationen vollzogen sich immer schneller, die Viren adaptierten sich prächtig an eine hyperurbane, hypermobile globalisierte Welt. Damit war das vorhandene System der Epidemie-Beherrschung überfordert.

Wie aber geht es weiter?

Das Wesen einer Krise ist, dass sie auf der Ebene, auf der sie erscheint, eben nicht *lösbar* ist. Sie kann nur in einem neuen System *aufgehoben* werden. Dieses *Neue* jedoch wird nie einfach die Fortsetzung des Alten sein.

Nehmen wir zum Beispiel eine Liebes-Krise. Liebe ist ein System der Kommunikationen, in denen Bestätigungsüberschüsse entstehen. Ich bewundere die andere geliebte Person. Und die bewundert mich zurück. Ich werde begehrt und begehre. Dieses Nicht-Nullsummenspiel positiven Verhaltens erzeugt Energie. Es entsteht ein neues *Wir*, in dem wir unsere innere Begrenztheit auflösen können.

Das Wesen der Liebe ist *Ergänzung und Eroberung*: Das neue Wir geht in die Welt hinaus und *erschafft:* eine biologische Familie. Ein Projekt. Eine politische Bewegung. Eine Firma. Ein Haus. Liebe ist der Komplexitätsgenerator, das schöpferische Element des Menschseins (so wie in Luc Bessons Film »Das fünfte Element«). Aber die Liebe kann sich auch erschöpfen. Sie kann regressiv werden. Wenn sie auf dauernde Überforderungen trifft oder sich selbst überfordert, zerbricht ihre innere Struktur. Partnerschaften scheitern oft, wenn sich die Umwelt des Paares massiv ändert. Wenn das zweite Kind auf die Welt kommt. Wenn Status-Situationen oder Wohnverhältnisse allzu ehrgeizig umgekrempelt werden. Dann kommt es zur berühmten Enttäuschungsschlacht, bei der die gegenseitigen Idealisierungen »abgerechnet« werden.

Haben Sie das schon mal erlebt? Wahrscheinlich schon …

Wie kann sich eine Liebe nach einer Krise regenerieren? Mit Sicherheit nicht, indem man weitermacht wie bisher. Auch nicht, indem man am Partner herumbastelt. Die Liebe kann neu erblühen, eine neue Vision erzeugen, wenn man *sich selbst für den anderen neu erfindet.* Und dadurch eine neue gemeinsame Wirklichkeit schafft.

Ähnliches gilt für die Gesellschaft: Man kann eine gesellschaftliche Krise nicht überwinden, indem man die alten Forderungen ständig erhöht – und die Angst zum Zukunfts-Leitbild erklärt. Der Corona-Erfahrung mit noch so ausgeklügelten Seuchenstrategien begegnen zu wollen, wird das Problem nur verschärfen. Es geht nur durch eine Neufassung des sozialen Kontraktes; jenes zarten Gebildes aus Rechten, Gesetzen, Vermittlungen, Verbindlichkeiten, Verbindungen, die eine Gesellschaft ausmacht.

Krisen sind Freisetzungen: In Krisen zeigen sich unterschwellige Zukunfts-Entwicklungen, die sich schon lange im Inneren einer Kultur entwickelten. Unterdrückte Energien werden freigesetzt – so wie in der katastrophalen Pestzeit die Elemente der Aufklärung, des Humanismus, die im Inneren der Gesellschaft schlummerten.

Krisen sind Beleuchtungen: Krisen leuchten die dunklen Punkte des Gesellschaftlichen aus. Sie machen das Dämonische, Zukunftsfeindliche sichtbar, das in Missachtungen der Zusammenhänge von Natur, Individuum und Gesellschaft nistet. In einen Schlachthof und seine Arbeitsbedingungen hineinzublicken, eröffnet den Blick in den Abgrund. Dieser Blick kann aber auch heilsam sein: Es wird sichtbar, wohin das alles führt. Immer billigeres Fleisch zu immer schrecklicheren Konditionen. Immer billigerer Flugzeug-Massen-Mensch-Transport, der irgendwann an Viehtransporte erinnert …

Krisen sind Richtungsänderungen in einem System, die auf eine neue Komplexitätsebene (ein neues dynamisches Gleichgewicht) hinweisen.[21] Dabei gibt es grundsätzlich zwei Möglichkeiten: Erstens die Regression auf eine niederkomplexe Ebene. Im Politischen etwa auf primitiv-autoritäre Systeme. In der Liebe auf eine »platonische Elternbeziehung« – oder abflauende Rachsucht. Die andere Möglichkeit ist ein *Level up*: Die Integration der dynamischen Widersprüche auf einer höheren Ebene.

Als Orientierungsmodell für diese möglichen Zukünfte eignet sich die Trend-Gegentrend-Logik. Jeder Trend – jede sozio-ökonomisch-kulturelle »Bewegung« – erzeugt irgendwann einen Gegentrend. Eine System-Sättigung. Einen »Tipping Point«, an dem die innere Stabilität eines Trends zusammenbricht.

Immer mehr Globalisierung führt zu heillosen Abhängigkeiten und Entfremdungen. Immer mehr Individualisierung führt zur Atomisierung der Gesellschaft. Immer mehr Urbanisierung erzeugt irgendwann eine Dekadenz des Städtischen.

Um die Zukunft zu verstehen, müssen wir beides – Trend und Gegentrend – wahrnehmen. Und auf eine neue (Meta-)Ebene bringen. Im Folgenden möchte ich Ihnen einige Metatrends für die Post-Corona-Jahre darlegen. Metatrends markieren den Möglichkeitsraum, der aus der Spannung alter, überreifer Megatrends und ihrer Gegentrends entsteht. Metatrends sind eine *Ahnung,* wie die Geschichte weiter in eine Zukunft gehen könnte, die diesen Namen verdient. Und wie das, was wir einmal »Fortschritt« nannten, sich neu erfindet.

Metatrends, die

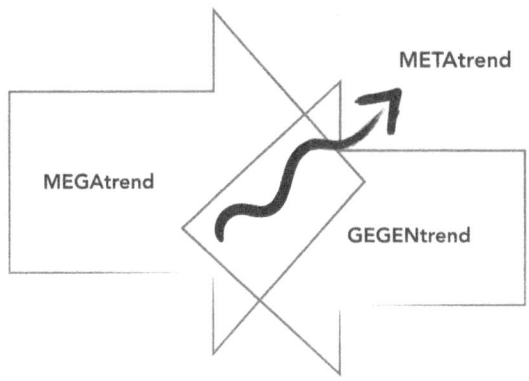

Im Gegensatz zu den *Megatrends*, die die Linearität der Geschichte repräsentieren, sind *Metatrends* Agenten der kommenden Komplexität. Aus Trend *und* Gegentrend formen sie neue Zukunfts-Synthesen, in denen Widersprüche vereint und Paradoxien auf einer höheren Ebene neu stabilisiert werden können. Metatrends treten auf das Spielfeld des Wandels, wenn mächtige historische Entwicklungen ihren Tipping Point erreicht haben – was oft mit Krisen verbunden ist. Anders als Megatrends, die aus der Vergangenheit stammen, kommen Metatrends *aus der Zukunft auf uns zu*. Sie sind ein Angebot zum Besseren. Um sie zu erkennen, muss man sie als systemische Notwendigkeiten *erspüren*. Und sich mutig in sie *hineinverwandeln*.

Die digitale Revision
Eine neue Ära des Internet beginnt

Darf ich Ihnen eine heikle Frage stellen? Was wäre, wenn das Internet nie erfunden worden wäre? Ginge es uns – Ihnen persönlich – dann besser oder schlechter?

Kein Facebook. Kein WhatsApp. Keine Smartphones, die man ständig umklammert, als hinge das Leben daran (tut es ja auch!). Kein tobender Donald Trump, dessen bizarre Twitter-Orgien uns hypnotisieren. Kein Attila Hildmann, der 300.000 Followern Irrsinn erzählt. Keine Shitstorms, Hassstürme, Beleidigungen, Lügentürme, digitalen Denunzierungen, Wahn-Epidemien, in denen die irrsten Theorien sich plötzlich lichtschnell verbreiten. Keine dummen, besserwisserischen Kommentare, die aus jeder digitalen Ritze quellen. Keine narzisstisch verbogenen »Influencer« und quadrillionen Katzenvideos.

Keine unerwünscht aufpoppenden Werbungen. Keine doppelten Codes für Banküberweisungen, die wir umständlich selbst ausfüllen müssen, als kostenlosen Service für die Banken. Keine Cookies, die wir rund um die Uhr »bestätigen« müssen, angeblich zum Wohl unserer Privatsphäre. Keine unentwegten Betrugsversuche und dummen Phishing-Mails.

Habe ich etwas vergessen?

Stellen Sie sich jetzt vor, mitten in unserer Gesellschaft existierte eine Art Kult, der seit Jahren unsere Denkstrukturen, unsere Zukunftserwartungen gekidnappt hat. Wir wären *gebrainwashed* mit einer bestimmten Art, Zukunft zu denken.

Es geht um den *Digitalismus*. Nein, das ist keine neue Variante einer Verschwörungstheorie. Es geht um die Macht historischer Ideen. Sogenannter Super-Meme. Super-Meme sind ansteckende Denk- und Deutungsmuster, die sich in der Gesellschaft von Kopf zu Kopf, von *Mind* zu *Mind* wie ein Virus ausbreiten. Solche Super-Meme können Religionen sein. Politische Ideologien. Oder mächtige Denkströmungen wie die Aufklärung oder die »Moderne« oder der Industrialismus. Oder eben der fanatische Glaube an eine erlösende Technologie.

In meiner Jugend in den frühen 70er-Jahren rankte sich ein solches Super-Mem um die idealisierten Formen von Kommunismus und Sozialismus. Obwohl das 20. Jahrhundert die mörderische Wirkung dieser Utopien längst drastisch bewiesen hatte. Ich kann mich noch erinnern, wie in meiner Universität die »Genossen« aus den verschiedenen K-Gruppen (K für Kommunismus) am Freitagnachmittag in ihre Marx-Schulungen strömten. Mit einem bitter entschlossenen Gesicht trugen sie alle eine abgewetzte »proletarische« Aktentasche unter dem Arm. Das Erstaunliche war, dass sich fast alle unserer Genossen der strammen Weltrevolution später zu differenzierten und liebenswerten Individuen entwickelten. Durch irgendeinen magischen Gegenzauber wachten sie irgendwann aus ihrer Trance auf.

Corona, die, f.

Auch »Digitaler Populismus«. Die kritiklose, ideologisierte, fanatische Verherrlichung digitaler Technik. Der Digitalismus kennt keine Differenzierung zwischen menschlichen Bedürfnissen und der Technologie, er denkt in Kategorien des historischen Determinismus, nach der alle Zukunft digital sein muss. In dieser Denkstruktur ähnelt der

Digitalismus dem Kommunismus, dessen religiöse Technik-
verehrung ähnliche Züge trug.

Die digitale Religion

Woran erkennt man einen Erlösungs-Kult? Zum Beispiel an der völligen Unberührtheit seiner Jünger gegenüber
Zweifeln aller Art. Sekten, die einem Wahn verfallen sind,
machen einfach immer so weiter, egal, welche Zeichen ihnen
die Welt gibt. Wenn zum Beispiel die Ankunft der Götter
oder der prophezeite Weltuntergang nicht stattfindet, werden
die Gebete einfach noch lauter wiederholt. Und die Erwartungen weiter gesteigert.

- »Künstliche Intelligenz wird demnächst Entscheidungen
  über Krankheit, Staus und Firmenstrategien treffen, die
  ökologische Krise lösen und die Armut abschaffen.«
- »Intelligente Cloud-Prokura-Lösungen werden Ihren Pro-
  fit in sagenhafte Höhen schrauben!«
- »Menschen werden sich in wenigen Jahren Schnittstellen
  in den Kopf implantieren und sich mit Supercomputern
  verbinden, die uns besser denken lassen.«
- »Das Internet der Dinge wird alle Maschinen unseres
  Haushaltes miteinander vernetzen, sodass sich Reparatu-
  ren vermeiden oder automatisch erledigen lassen. Der intelligente Badezimmerspiegel findet heraus, wenn wir
  Krebs oder Schnupfen oder Liebeskummer haben …«
- »Arbeiten Quantencomputer einmal zuverlässig«, so hieß
  es einmal in der Zeitschrift *Ada*, »entsteht mit ihrer Hilfe
  auch eine neue Architektur des Internets. Das Quantenweb verspricht sicherer, schneller und vor allem mehrdi-
  mensionaler zu werden.«[22]

Irgendetwas sagt mir, dass das Quantenweb all das wohl eher nicht hinbekommen wird. Es wird wahrscheinlich eher darauf hinauslaufen, bislang unknackbare Codes zu knacken und damit ein globales Durcheinander zu erzeugen. Oder neue gemeine Cyberwährungen zu generieren – unter einem Energieaufwand, der so groß ist wie der Stromverbrauch von Japan, Amerika und China zusammen. Auch vor der »Mehrdimensionalität« sollte es uns eher ein bisschen gruseln. Aber äußern Sie solche Vermutungen einmal auf einem Digitalkongress ...

> *»Smarte« Technologien sind nicht einfach nur*
> *disruptiv; sie können auch den Status Quo*
> *konservieren. Revolutionär in der Theorie,*
> *sind sie oft reaktionär in der Praxis.*
> Evgeny Morozov

Im Vergleich zu den ewigen Lobpreisungen des Digitalen sind die Zerstörungen, die Digitalität in den Strukturen der menschlichen Kommunikation angerichtet hat, kein allzu großes Thema. Auch das ist typisch für dogmatische Ideologien: das Verschweigen der Schattenseiten. Das kommunikative Internet, auch scheinheilig »Social Media« genannt, zieht aus den Menschen das Narzisstische, das Bösartige und das Machtbesessene heraus. Das Internet hat sich auf längst in einen Kriegsschauplatz verwandelt, auf dem die Kriege des 21. Jahrhunderts ausgefochten werden. Aus dem großen Traum der vernetzten Welt, die dem Individuum ganz neue Arten von Flügeln verleihen würde, ist ein monopolitischer Albtraum geworden. Vier Weltmonopole (und ihre chinesischen Gegenstücke) haben fast das ganze Universum der menschlichen Konnektivität unter sich aufgeteilt.

Die Verdrängung dieser Effekte des Digitalen erinnern mich wieder an meine Kommilitonen aus den Siebzigern, die die »Errungenschaften« des realen Kommunismus nie direkt anschauen konnten. Vielleicht, weil sie sich schämten. Ich nenne das auch die *digitale Scham. Man schämt sich,* an etwas zu glauben, was sich längst als Illusion herausgestellt hat. Aber umso mehr hält man daran fest. Wenn man es losließe, würde man womöglich in einen Abgrund fallen. Ein schreckliches Sinn-Vakuum.

Die Stunde der Ketzer

Digitalismus hat mehr mit Religion zu tun, als wir glauben. Mitten im Digitalismus finden Anschlusslinien an die Ideologie des Transhumanismus statt, der alle menschlichen Unfertigkeiten und Unfähigkeiten digital »erlösen« will. Wir begeben uns in ein wunderbares virtuelles Universum wie in ein Himmelreich. Im Kern dieses Kultes befindet sich die Singularität, jener *Event,* in dem sich die menschliche Zivilisation in transzendenter Technologie auflösen wird.

Solche Kulte haben allerdings auch die Eigenschaft, dass sich aus den Reihen der Jünger früher oder später interessante Ketzer entwickeln. Viele der humanistischen Internet-Kritiker stammen direkt aus den Tiefen des Silicon Valley; sie sind durch einen tiefen Läuterungsprozess gegangen. Tristan Harris etwa, der Dissident von Google, der ignoriert wurde, als er die suchtmachenden Eigenschaften von Software infrage stellte. Douglas Rushkoff, ein Ex-Tekkie, der mit seinem Pamphlet *Team Human* eine humanistische Gegenstimme gegen die Digital-Ideologie setzte. Die Google-Forscherin Timnit Gebru fand heraus, dass die bei Google entwickelten künstlichen Intelligenzen Minderheiten rassistisch diskrimi-

nieren – und wurde gekündigt. Oder Sean Parker, ein Mit-
gründer von Facebook, der sich heute als »gewissenhafter
Verweigerer sozialer Medien« bezeichnet und den Begriff
»Toxic Media« prägte.

Jaron Lanier

Einer der glaubwürdigsten Ketzer ist Jaron Lanier, ein
Ur-Hippie des Digitalen – er produzierte in den 90er-Jahren
die ersten Virtual-Reality-Brillen, die er als spirituelle Befrei-
ungs-Tools sah. Von Lanier stammt folgendes Zitat:

> Ich glaube nicht, dass unsere Spezies überleben kann, bis
> wir das Problem der »Social Media« lösen. Wir können
> nicht in einer Gesellschaft leben, in der, wenn zwei Men-
> schen kommunizieren wollen, dies nur tun können, wenn
> dies durch eine dritte Person finanziert wird, die beide da-
> für manipulieren will.[23]

So beschreibt Lanier mit trockenen Worten die Logik des digitalen Plattform-Geschäftsmodells. Plattformen verkaufen

Werbung gegen Aufmerksamkeit. Die stärksten Erregungsmuster – das, was die meisten Klicks bringt – werden nach *oben* »gerankt«, um *noch* mehr Klicks zu erzeugen. Daraus entsteht eine Turbo-Selektion von blödsinnigen oder gewalttätigen Memen. Eine komplett irre Ideologie wie QAnon wird auf dieser Weise regelrecht *gezüchtet.*

Jetzt, nach Corona, beginnt dieses kaputte System allerdings in eine echte Krise zu geraten. Corona hat noch einmal verdeutlicht, wie gefährlich toxische Meme gerade in Krisen sind. Und gleichzeitig die Grenzen des Digitalen dort aufgezeigt, wo es um die Bedeutung der menschlichen Kooperation geht.

Corona als digitale Aufklärung

Die Corona-Krise hat auch beim Digitalismus einiges durcheinandergewirbelt. Die Epidemie hat einerseits gezeigt, was digitale Technologie leisten kann, wenn sie spontan »von unten« organisiert wird. Plötzlich lernten wir alle, mit Zoom und Co. umzugehen – ganz im Sinne *unserer* Bedürfnisse. Plötzlich gingen Dinge online, die früher nicht wirklich funktionierten.

Andererseits waren die berühmten Covid-Apps in keinem Land der entscheidende Kriegsvorteil im Kampf gegen das Virus. Auch dort nicht, wo der Datenschutz keine Rolle spielte. Künstliche Intelligenz mag bei der Entwicklung von Impfstoffen eine Rolle gespielt haben. Aber es waren *Soziotechniken* – soziale humane Verhaltensweisen – und klassische Forschungsarbeit, die letztlich den Kampf gegen Corona entschieden.

Je mehr die Krise das Digitale vorantrieb, desto stärker wurde umgekehrt die Sehnsucht nach dem Analogen. Nach realen Dingen und körperlicher Begegnung. Plötzlich zogen viele Menschen ihre Bücher wieder aus dem Schrank – und lasen wieder linear. Die echten Boom-Branchen auf dem Höhepunkt der Pandemie waren Garten, Haus, Handwerk und Fahrräder. Sehr analoge Naturerfahrungen.

Das lag auch daran, dass Digitalität eine *Beschleunigungstechnologie* ist. Die Corona-Krise war jedoch eine Verlangsamungserfahrung mit verblüffenden Effekten. Alle Welt schrie nach einer schnellen Total-Digitalisierung der Schulen. Aber gerade in der Pandemie zeigte sich, wie existenziell die direkte *Beziehung* zwischen Lehrern und Schülern ist. Könnte es sein, dass die »Digitalisierung der Schulen« auch deshalb so schleppend verläuft, weil sie für das eigentliche Wesen der Bildung keine echte Antwort bieten kann? In der Jugendmedien-Studie JIM identifizieren 59 Prozent der befragten Schüler eine »fehlende Motivation« als das größte Hindernis beim Lernen zu Hause, nur sechs Prozent nennen eine »fehlende IT-Ausstattung« als Problem.[24]

Das Technolution-Prinzip

Mit dem Begriff der »Technolution« bezeichne ich ein evolutionäres Prinzip, in dem Technologie und menschliche Kultur in einem ewigen Tanz *co-evolutionieren*.

In der Frühphase disruptiver Technologien werden gewachsene und bewährte Sozial- und Kulturtechniken sabotiert. Was zu bisher unbekannten sozialen Verwerfungen führt. Erst im weiteren Verlauf, manchmal über Jahrhunderte, lernt die menschliche Kultur – mühsam und unter Opfern –, diese destruktiven Kräfte zu zähmen.

Die Besenstiele im *Faust*.

So war es beim Buchdruck, der zuerst keineswegs zu »Bildung« führte, sondern zu Propagandaformen des religiösen

Wahns beitrug. Hetz-Flugblätter für Ketzerprozesse und Hexenverbrennungen waren die ersten Print-Massenprodukte.
So war es auch mit den mechanischen Webstühlen, die im
frühen 19. Jahrhundert die Monotonie der körperlichen Arbeit abschaffen sollten, aber zu den »satanischen Mühlen« des
frühen Industriezeitalters führten, zu Ausbeutungs- und Ver-
elendungsprozessen.

Es war sogar bei der Eisenbahn so, diesem scheinbar
harmlos dampfenden Transportgerät. Im Zuge der Erschlie-
ßung des amerikanischen Kontinents um 1880 entstanden
entlang der Gleise Gewaltkulturen, in denen exzessive Mafia-
Strukturen herrschten. Man war weit weg von jeder zentralen
und verfassungsmäßigen Gerichtsbarkeit. An jeder Ecke ließ
sich ein Galgen aufstellen, an dem man die Leute, die gerade
der Konkurrenz angehörten, aufhängen konnte. Im »Wilden
Westen« konnte man durch die neuen Transportmöglichkei-
ten die Natur viel effizienter ausbeuten und das Genozid an
den Ureinwohnern Amerikas ungehindert fortsetzen.

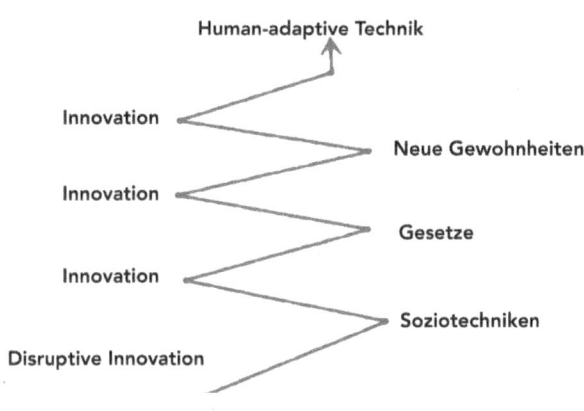

Das Technolution-Prinzip

»Wilde« Pioniertechniken müssen also erst durch Restriktionen, Gesetze und andere Regelsysteme, die aus politischem oder individuellem Widerstand entstehen, »gezügelt« werden. Ein Grund für diese Notwendigkeit heißt das *Grenzkosten-Paradox*. Wenn eine revolutionäre Technologie etwas, was früher langsam, mühsam und teuer war (Kopieren, Transport, Produktion, Information etc.), plötzlich *radikal* verbilligt, also die Grenzkosten nahe NULL bringt, entstehen enorme ökonomische Hebelwirkungen. Die Folge ist ein Markt-Rennen, eine Euphorie des Ökonomischen. Dass dabei die Hasardeure, die Gauner, die Gierigen und die Machtgeilen angezogen werden, ist nur natürlich. Erst in der nächsten oder übernächsten Phase kommt es zu einer »Wiedervergesellschaftung« der jeweiligen Technologie. Und niemals ist dieser Prozess ganz abgeschlossen. Es ist eben ein Tanz.

Der digital-emanzipierte Mensch

Was wir brauchen, um neue Techniken zu zähmen, sind nicht nur Gesetze und Restriktionen. Sondern vor allem SOZIOtechniken, die den Umgang mit Technik beschreiben. Digitale Technologie benötigt ganz besonders das, was man »digitale Emanzipation« nennen könnte.

Wissen um Vorteile und Gefahren einer Technik. Selbststeuerung in Bezug auf die Nutzung. Unterscheidungsvermögen bei Verbesserungen.

Ein digital emanzipierter Mensch würde:

- wissen, dass er selbst nicht wie eine Maschine oder ein Computer funktioniert. Und dass das auch nie der Fall sein wird: Das Organische unterscheidet sich auf immer vom Binären. Wenn KI so intelligent wäre wie Menschen, müssten Menschen so dumm werden wie Computer.

- verstehen, dass Computer nie unsere Probleme »lösen«, unsere Wünsche und Ideale »erfüllen«, sondern immer nur in klar begrenzten Komplexitätsfeldern Hilfestellung leisten können.
- begreifen, dass die KONNEKTIVITÄT, das Grundprinzip des Digitalen, immer auch die Gegenkraft der *Autonomisierung* und *Analogisierung* verlangt.
- erkennen, dass der Nettogewinn einer Technologie immer darin besteht, welche neuen Freiheiten und Möglichkeiten übrig bleiben.

Zeitzeichen für den Trend zur digitalen Revision:
- Millionen User flüchten von WhatsApp (ein Teil der Facebook-Krake) zu Signal – ein Messenger mit ähnlichen Funktionen, aber genossenschaftlich organisiert.
- In Australien gab es im März 2021 eine erste juristische Auseinandersetzung zwischen Facebook und tradierten Medien um die Frage, wem die Inhalte im Netz eigentlich gehören – und wer damit Geld verdienen kann.
- Überall entstehen hartnäckige Alternativen zu den großen Plattformen. Auch der Gigant Amazon wird in vielen Ländern durch dezentrale Delivery-Systeme angegriffen. Suchmaschinen wie Ecosia versuchen, das Google-Monopol zu brechen.
- Die ungeheure Flut der digitalen Werbung führt zu einer neuen Aufmerksamkeitskrise, die auf Dauer das ganze digitale Werbe-System sabotiert.
- 11 Millionen Amerikaner haben laut *Washington Post* im Trump-Finale ihre Social-Media-Accounts gekündigt.
- Immer mehr »Influencer« wenden sich ernsthaften sozialen, politischen und ökologischen Themen zu.
- Facebook und Google stehen unter massivem Druck, die Exzesse, die ihr Wertschöpfungsmodell verursacht hat, zu

moderieren, Facebook bildet dafür eine ganze unabhängige Instanz, Google verabschiedet sich von Cookies für die individualisierte Werbung.

- Millionen Menschen experimentieren mit der Reduzierung oder Zähmung ihres Mediengebrauchs, stellen ihre Bildschirm-Routinen infrage, üben digitale Diät oder »Screen Ignorance« ein.

Verbundener Individualismus

Vom neuen Ich im neuen Wir

Wie halten Sie es mit der Individualität? Ich vermute, dass es Ihnen wichtig ist, ein »Individuum« zu sein. Also jemand mit einem klaren Willen, eigenen Meinungen, besonderen Merkmalen. Sie möchten in ihrer Differenz zu anderen anerkannt werden.

Allerdings wollen gerade Individualisten mit dem »Individualismus« eher weniger zu tun haben wollen. Der ist ihnen zu egoistisch. Für den Individuellen gilt der Individualist als jemand, der nur an sich selbst denkt und nach seinen eigenen Interessen und Vorurteilen handelt. Corona hat uns über dieses Thema eine *Big Story* erzählt.

Individualismus versus Individualität

Diese schöne Paradoxie wurde in Corona-Zeiten besonders sichtbar. Menschen agierten und argumentierten in der Krise häufig entlang ihrer individuellen Interessen oder Gruppenzugehörigkeiten. Gleichzeitig forderten alle Gemeinsinn ein. Selbst die »Corona-Gegner« taten das – sie plädierten für einen Gemeinsinn der Ignoranz.

Eine Pandemie wie Corona berührt das Verhältnis zwischen *Ich* und *Wir* auf ganz besondere Weise. Erstens werden wir mit psychologisch verdrängten Aspekten *in uns selbst* konfrontiert. Unserer Angst vor Einsamkeit. Oder unserem Hang, Wirklichkeiten aus Konstrukten zusammenzusetzen, wenn wir uns existenziell bedroht fühlen. Zweitens wird unsere Autonomiekompetenz in einer Epidemie herausgefordert. Wir werden im *Lockdown* auf uns selbst zurückverwiesen. Und uns damit auf brutale Weise unserer sozialen Existenz bewusst. Corona hat auf diese Weise zunächst eine Polarisierung bewirkt: Einsame wurden noch einsamer. Soziale Bindungen wurden noch enger.

Individualismus ist die Bevorzugung des Eigenen über das Andere. Individualität hingegen ist reife Sozialität. Sie ist eine Kulturtechnik. Zum erwachsenen Ich-Sein gehören Sozialkompetenzen. Vermittlungsformen, die die Bindungen und die Freiheiten auf einer höheren Ebene der Wahrnehmung verbinden. Die Fähigkeit, sich selbst im anderen zu spiegeln. Die Möglichkeit der sozialen Differenz in Gemeinschaft.

All das müssen wir üben und üben, immer wieder. Pandemien sind wunderbare Übungsparcours. Durch einen Virus werden wir mit unserer eigenen körperlichen Immunologie konfrontiert. Mit der gesellschaftlichen Solidarität. Und schließlich mit der ganzen Welt. Allen anderen Kulturen, denn das Virus verbindet uns weltweit in einer »Immunologie-Gemeinschaft« (Peter Sloterdijk).

Jeder Trend bewirkt, früher oder später, einen Gegentrend. Das gilt besonders für den Megatrend Individualisierung. Das Zeitalter des Individuums hat durch das Internet monströse Formen angenommen. Da wir als Menschen immer soziale Wesen sind – von unserer Geburt an abhängig, bedürftig, verspielt – entwickelt sich die Form des Individuums immer im Kontext von Gemeinschaft. Robinson Crusoe auf seiner Insel konnte sich nicht als Individuum realisieren. Erst, als er Freitag traf, gelang diese Selbstdefinition.

Aber wie bekommt man Ich und Wir zusammen?

»Früher wurden Menschen in Gemeinschaften geboren und mussten ihre Individualität finden. Heute werden Menschen als Individuen geboren und müssen ihre Gemeinschaft finden.«
Die Werbeagentur K-Hole[25]

Das soziale Biom

Ein systemisches Modell für die Zukunft verbundener Individualität ist das *soziale Biom*. Dieser Begriff stammt von Jeffrey Hall, einem Professor für Kommunikation an der Universität von Kansas, der damit die Idee eines organischen Modells auf die soziale Welt überträgt. Er definiert das Sozial-Biom als individuelles Ökosystem der Bindungen und Beziehungen, das unsere psychologische, mentale und soziale Stabilität bestimmt. Wir bewohnen es, wie Mikroben und Bakterien unseren Organismus bewohnen. Es ist eine Art Nährboden, der uns auch in Krisenzeiten stark und resilient halten kann. »So wie wir verschiedene Nahrungsmittel auf unseren Tellern brauchen, brauchen wir auch einen Mix der Kommunikationen und Beziehungstypen in unserer sozialen ›Ernährung‹.«[26] Das Sozial-Biom ist der beste »Prognostiker« unserer generellen Gesundheit.

Das soziale Biom integriert die Dimensionen des Ich und des Wir in den verschiedenen Kreisen der Bindungen, die alle miteinander vernetzt und verknüpft sind. Kein Entweder-oder. Sondern Sowohl-als-auch. Von der Intimität, die wir in der Liebe erfahren können, über die *Bonds* von Familie und Freundschaft bis in die Bezüge der »Nation« oder Kulturform. Wer dieses Netzwerk auf eine einzige Ebene beschränkt, etwa die Nation über das Individuum oder die Fa-

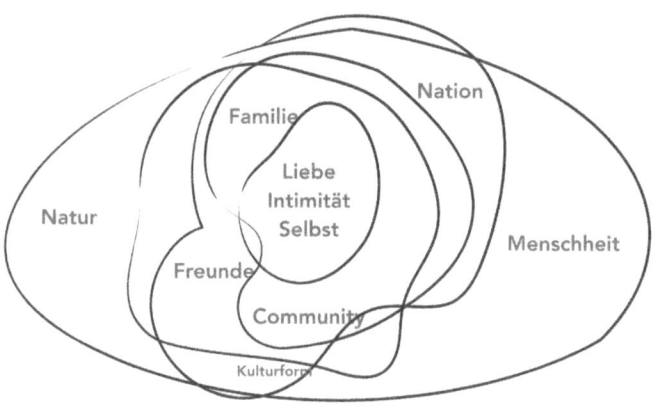

Das soziale Biom

milie stellt, wird scheitern, weil er jeden Einzelnen, die ganze Gesellschaft, »verarmt«.

Im Ausklang der Krise wird deutlich, dass Corona die Linien dieses Bioms *gedehnt* hat – tendenziell in den Bereich der höheren Bezüge, zu Natur, Menschheit und Spiritualität. Das zeigt sich in der veränderten Wahrnehmung des Ökologischen ebenso wie in den vermehrten Auseinandersetzungen um Gender-Gerechtigkeit, Kolonialismus und Rassismus. Corona wirkte – wie viele frühere Pandemien auch – als Komplexitäts-Agent sozialer Systeme. Als Katalysator gesellschaftlicher Verbindlichkeiten.

Work-Life-Fusion
Die neue Arbeitslebenswelt

Im Frühsommer 2021, als Corona seine Klauen langsam aus Europa und Nordamerika zurückzog, kam es zu einem interessanten paradoxen Phänomen.

- Viele Mitarbeiter größerer und mittlerer Firmen wollten aus dem Homeoffice nicht mehr an den Arbeitsplatz ins Büro zurückkehren.
- Gleichzeitig wollten Unternehmen, die jahrelang Arbeitsmobilität und -flexibilität enthusiastisch gepredigt hatten, ihre Mitarbeiter möglichst schleunig zurück im Büro haben.

Der Chef der Investment-Bank Goldman Sachs, David Solomon, deklarierte das *Hoffice* – das Homeoffice – als *Abberation*, als eine Fehlentwicklung, die man nun allmählich korrigieren müsste. Sandeep Mathrani, CEO des Büroflächenvermieters WeWorks, ließ verlauten: »Diejenigen, die am wenigsten engagiert sind, fühlen sich im Homeoffice offensichtlich am wohlsten.« Sundar Pichai von Google setzte seinen Mitarbeitern sogar ein Ultimatum: Jeder, der in Zukunft mehr als 14 Tage jährlich von zu Hause arbeiten wollte, müsse eine Anfrage stellen. Er rief »The Great Return«, die große Rückkehr, aus: »Wir glauben, dass persönliche Begegnung, Zusammensein, ein Sinn für die Community sehr wichtig sind, wenn man harte Probleme lösen soll und Neues kreiert.«[27]

Was war passiert? Hatte Corona nicht eine neue Einigkeit über die Notwendigkeit von flexiblen Arbeitsformen geschaffen, weil diese in der Krise *Praxis* wurden? Offenbar hatten einige Firmen in der langen Lockdown-Zeit das Gefühl, den direkten Draht zu ihren Mitarbeitern zu verlieren. Die Kontrolle einzubüßen. Viele Angestellte hatten hingegen Erfahrungen mit Arbeit und Familie gemacht, die ihre Perspektiven dauerhaft veränderten. Corona schuf Erfahrungsräume, Experimentierfelder jenseits des »Lebens im Büro«.

> Überkommen und inhuman, eine harte Strukturbarriere zu einer diverseren Arbeitswelt, schien die Nine-to-Five-Fünftagewoche und sein giftiger Zwilling, die tägliche Pendler-Rushhour, tot und begraben. Weil wir das Leben ohne Kaffeeüberdosis, überfüllte Bahnen und Mittagessen am Schreibtisch kennenlernen durften, ist es schwer sich vorzustellen, zur »Full-Time«-Arbeit zurückzukehren.[28]

Was ist so attraktiv an der Kaffeemaschine, den faden Witzen der Kollegen, dem Klatsch in der Mittagspause? Den klassischen »Bürorollen«, wie sie in zahlreichen Sitcoms abgefeiert wurden? (Der »Miesepetrige«. Die »Mutter«. Die »Diva«. Der »Depressive«. Der »Joker«.) Es gab so etwas wie ein Höhlensyndrom. Nicht wenige Menschen wollten lieber in der Höhle bleiben, in die sie Corona gesperrt hatte.

Allerdings mäanderten die Sehnsüchte auch in die andere Richtung. Ein Angestellter aus einem großen Computerkonzern, der ein volles Jahr zu Hause arbeitete, sagte: »Ich vermisse vor allem den Drucker. Aber nicht den Drucker selbst. Sondern den Drucker, *für den jemand anderes zuständig ist.*«

Das »FORTO«-Syndrom –
»Fear of Returning To the Office«

Die Einsamkeit des Langstreckenarbeiters

Corona hat uns eine Flut von Ängsten in Bezug auf die Arbeitswelt beschert. Es begann mit der Angst vor Arbeitsverlust. Dann kam die Angst, die veränderte Situation nicht bewältigen zu können – kann man zu Hause überhaupt konzentriert arbeiten, wenn hinter der Tür die Kinder spielen, der Paketbote klingelt und andere Störungen nicht zu vermeiden sind? Dann kam die Zoom-Angst vor dem Einbruch der Kollegen in die privaten vier Wände: Wie sehe ich auf dem Bildschirm aus? Sind meine Möbel noch zeitgemäß? Was denken die anderen? Und so weiter. All das mündete in die Angst vor der Rückkehr ins Büro. Viele Angestellte spürten plötzlich eine *innere* Überforderung durch den Stress, den das sozial dichte Büroleben verursacht.

Heute, nach Corona, können sich immer weniger Menschen vorstellen, einen Fulltime-Job mit Präsenzpflicht im Büro anzunehmen. Viele überlegen zu kündigen, wenn ihnen in Zukunft flexible Arbeitsformen verweigert werden. Flexible Modelle – zeitlich und räumlich – gab es zwar schon vorher – aber sie gehörten noch nicht zum *Neuen Normal*.

»Wir haben das Büro fetischisiert«, so die Arbeitsforscherin Annie Auerbach. »Wir erinnern es durch eine rosarote Brille als einen Ort, wo Lernen durch Osmose stattfand und die anregende Konversation rund um den Wasserspender zu durchbrechenden Innovationen führte. Aber meistens war das Büro der Ort einsamer Silo-Arbeit. Menschen fühlten sich auch im Büro einsam.«[29]

Selbstsüchtige Systeme

Unsere heutige Arbeitswelt, immer noch geprägt von der 100 Jahre alten fordistischen Arbeitsteilung und der Erfindung der modernen Büro-Organisation, ist ein typisches Beispiel für das, was man ein *selbstsüchtiges System* nennen könnte. Die Systeme, die uns umgeben – soziale Systeme, ökonomische Systeme, politische Systeme – haben ebenso wie biologische Systeme einen Selbsterhaltungstrieb. Sie kämpfen wie verrückt darum, bestehen zu bleiben, sich zu »reproduzieren«. Institutionen, Unternehmen, vor allem große Unternehmen, ringen mit allen Mitteln darum, weiter zu wachsen und ihren Einfluss auszudehnen.

Industriell, also durch die Fabrik geformte Arbeit hat sich auch auf die sekundären und tertiären Sektoren ausgeweitet. Sie wird bestimmt von vier Parametern:

1. Lohn-Abhängigkeit als strikte Trennung von Arbeit»geber« und Arbeit»nehmer«.
2. Präsentismus: Achtstunden-Tag als Norm, Präsenzpflicht.
3. Stundenlohn: Zuweisung des Entgelts durch den *Stundentakt*.
4. Fremdbestimmung: Arbeit wird als ANGEWIESENE Form begriffen.

Diese Arbeitskultur ist wiederum in eine Vielzahl anderer sozialer Systeme verwoben und verstrickt:

- das System der Kleinfamilie und der Geschlechterdifferenz
- das System des Lohns
- das System des Berufs-Status
- die sozialen Systeme wie Rente und Versicherungen
- das System des täglichen Zeitrhythmus
- das System der Hierarchien

Die berühmte »Work-Life-Balance« zu verwirklichen ist in diesem System-System praktisch unmöglich. Je mehr wir versuchen, Leben und Erwerb auszubalancieren, desto mehr geraten beide Sphären miteinander in Konflikt. Wir geraten ins Defizitäre. Immer ist es irgendwo nicht genug, und immer hat man ein schlechtes Gewissen in *alle* Richtungen.

Weil all diese Systeme so tief ineinandergreifen, dass sie kaum zu entwirren sind, weil Erwerbsarbeit als Existenzberechtigung in der Industriegesellschaft gilt, lässt sich die Arbeitswelt so unglaublich schwer wandeln. Obwohl seit vielen Jahren ein massiver Gegentrend hin zu Diversität, Aufhebung der Hierarchien, Flexibilität, dem Geist der Selbstständigkeit und von Work-Life-Balance gegen die alte Arbeitsordnung entstanden ist, blieben alle diese Versuche marginal.

Oder sie führten zu neuen Ausbeutungs- und Selbstausbeutungsformen. Corona dürfte allerdings den Wandel beschleunigen – und neue Synthesen ermöglichen. Marxistisch ausgedrückt: Das Machtverhältnis zwischen Kapital und Arbeit hat sich verändert.

Die neue Arbeitsknappheit

Wie ähnliche Infektionskrisen früherer Zeiten hat auch Corona die Gewichte auf dem Arbeitsmarkt verschoben. In vielen Ländern hat die Pandemie zu einem regelrechten *Labour Crunch* geführt – Millionen von Service-Arbeitern kehrten nicht in den Arbeitsmarkt zurück. Viele Köche und Kellner kamen nicht zurück ins Restaurant, hatten andere Jobs gefunden oder neue Berufe. Vormals in der Tourismus-Branche Beschäftigte waren nach Corona plötzlich verschwunden. Selten zuvor gab es so viele offene Stellen auf dem Arbeitsmarkt.

Die großen Gewinner der Krise waren die Handwerker. Gut aufgestellte Handwerksbetriebe verdienten sich eine goldene Nase. In der Krise wurde überdeutlich, wie wichtig es ist, dass etwas praktisch *funktioniert.*

In den USA spricht man heute von der »Great Resignation« – der großen Rücktrittswelle, die fast alle Branchen erfasst hat.

»Die Pandemie zeigte, wie sehr wir unsere Arbeit hassen. Jetzt haben wir die Chance, sie neu zu erfinden«[30], titelte *TIME Magazine.* In Skandinavien zeichnet sich eine Entwicklung ab, die auch für die anderen Industrieländer prägend sein könnte. Skandinavische Frauen *und* Männer haben ein anderes Bild von Familie und Beruf als fast überall sonst auf der Welt. Die durchschnittliche Arbeitszeit bei Männern und Frauen tendiert in den nordischen Ländern zu rund 30 Wochenstunden. Mit diesem Zeitkontingent kann man tatsächlich Arbeit und Familie ohne traditionelle Mann-Frau-Arbeitsteilung »managen«.

Der Preis – oder der Lohn – ist das wuselige skandinavische Arbeitsleben, wie wir es aus den Krimiserien kennen, wo die Kommissarin oder der Kommissar am Morgen immer die kleine Svenja in den Kindergarten bringt, kurz bevor der Mord geschieht. Dieses arbeitsmarktpolitische Konzept wird »Flexicurity« genannt.

Flexicurity, die

Flexicurity (die Synthese von *Flexi*bilität und *Sicher*heit) setzt an einem anderen Verständnis des Berufslebens an, als wir es kennen. Ziel der Politik ist nicht mehr die »Sicherheit des Arbeitsplatzes«. Berufliche Biografien werden grundsätzlich als variabel und zyklisch definiert, die staatlichen Maßnahmen gegen Arbeitslosigkeit konzentrieren sich nicht auf Industrie- oder Sektorenpolitik, sondern auf die *Schnittstellen* zwischen Lebens- und Berufsabschnitten. Dort setzt ein hoch professionalisiertes Transferangebot aus individualisierten Weiterbildungen und Umschulungen an. Arbeitslosengeld wird in großer Höhe bis zum Antritt eines neuen Jobs gezahlt. Dieser kooperative Individualismus verlangt ein hohes Maß an Bereitschaft, sich selbst zu verändern. Und eine ganz andere Struktur der Arbeitsbehörden.

Eine große Studie in Island führte zu verblüffenden Erkenntnissen: Bei einer Arbeitszeit-Reduzierung auf die Viertagewoche steigt die Produktivität und die Lebenszufriedenheit. Das gleiche Geld für weniger Zeit ist also keine Utopie mehr, sondern ökonomische Realität.[31]

Die Work-Life-Fusion

Corona hat den Deckel vom Kessel der Arbeit weggesprengt. Oder zumindest ein Loch hineingebohrt. Jetzt werden die Einzelteile der Maschine sichtbar. Und damit entstehen neue Optionen, neue Sichtweisen und Verhandlungen.

Könnte sich ein neues Verhältnis zu Leistung und Produktivität entwickeln? Die alten Gewissheiten von gestern zählen heute nicht mehr, so die Essayistin Laurie Penny[32].

> Wie sollen wir produktiv bleiben, wenn die Welt zur Hölle geht? Meine ganze Generation hat gelernt, dass konsequente Arbeit die einzige Weise ist, mit Krisen umzugehen, mit dem Gefühl des bevorstehenden Kollapses und der ewigen ökonomischen Unsicherheit. Wenn ich nur ein bisschen mehr arbeite, hieß es, wird alles gut, niemand wird verletzt und der Tod wird keine Macht gewinnen, wenn es mir nur gelingt, mich etwas mehr selbst zu optimieren!

Corona hatte uns alle über Nacht in Mitglieder des »digitalen Proletariats« verwandelt – so merkte es der Philosoph Markus Gabriel an. Das ist natürlich übertrieben. Aber tatsächlich sind viele Menschen näher an eine Existenzform jenseits klassischer Lohnarbeit gerückt: durch Hausarbeit, Kindererziehung, Pflege, das Kümmern um Nachbarn und das Beruhigen von Angehörigen – in Krisenphasen gehören solche, eigentlich »nicht produktiven« Tätigkeiten dazu.

Corona stellt uns sanft, aber bestimmt die Frage nach dem *Sinn* unserer Tätigkeiten. Viele werden nicht mehr ins alte Hamsterrad zurückkehren. Andere werden zumindest zweifeln. Sich »neu aufstellen«. Oder gar neu erfinden.

Die Mindshift-Bewegung
Vom Wandel des Bewusstseins
in der Aufmerksamkeitsökonomie

Im Jahr 1997 schrieb der Physiker Michael Goldhaber einen legendären Artikel in der Zeitschrift *WIRED*, in dem er den Begriff »Attention Economy« – Aufmerksamkeitsökonomie – zum ersten Mal prägte. Er sah wahrhaft prophetisch die Folgeschäden des damals noch in den Kinderschuhen steckenden Internet voraus – die Dominanz der großen Plattformen, die Terroristen im Darknet.

Zunächst einmal adressiert Aufmerksamkeit ein fundamentales menschliches Bedürfnis. Aufmerksamkeit ist aber gleichzeitig streng limitiert – wir können echte Aufmerksamkeiten nicht teilen. Somit ist die Aufmerksamkeitsökonomie ein Nullsummenspiel. Was die eine Person bekommt, wird der anderen verweigert. Gleichzeitig muss im Netz aber jeder so tun, als würde er seine Aufmerksamkeit *genau* auf ein Individuum richten. Der Adressat muss zumindest eine illusorische Aufmerksamkeit zurückbekommen.[33]

Goldhaber sah in prophetischer Weise voraus, dass in der Ära der Echtzeit-Technologien eine neue Knappheit entstehen würde, gegen die alle anderen »Rohstoffkrisen« eher harmlos wären. Eine mentale Krise. Die Knappheitskrise der Aufmerksamkeiten. Wir alle wollen wahrgenommen, geschätzt, be-antwortet werden. Das ist, neben Nahrung und Sex, das existenziellste menschliche Bedürfnis. Und genau mit dieser Ressource lockt uns das kommunikative Internet in eine Falle.

Das digitale Netz gibt uns ein betörendes Versprechen. Es bietet Aufmerksamkeit und Zuneigung und Verbindung in Hülle und Fülle. Sind wir nicht alle Freunde, die sich »liken« und schätzen, sich über alle Grenzen hinaus verbinden? Endlich können wir unsere Ideen, Gedanken und Gefühle mit Tausenden, Millionen Menschen teilen.

Wir sind mächtig. Wir werden gehört. Wir können alles wissen! Wir sind immer informiert. Nie mehr einsam sein. Nie mehr missachtet werden. Niemals ungehört bleiben.

Fake Feelings

Die Hysterien, Hassstürme und Meinungskriege, die sich heute mit steigender Intensität durch das kommunikative Netz ergießen, lassen sich letztendlich als Reaktionen auf eine gigantische Aufmerksamkeitsstörung lesen. Wir werden Opfer dessen, was Goldhaber »illusionäre Aufmerksamkeit« nennt. Das Netz erzeugt Myriaden von Pseudo-Verbindungen, Beziehungs-Fakes und Kontakt-Illusionen.

»Im Netz muss jeder so tun, als würde er seine Aufmerksamkeit genau auf ein Individuum richten …«

Menschen reagieren sehr empfindlich auf solche Täuschungen. Vor allem, wenn sie sich in der Seele einsam fühlen. Sie versuchen dann, sich Aufmerksamkeit zurückzuholen. Am leichtesten geht das mit Wut und verbaler Aggression. Oder man probiert, was passiert, wenn man *Unsinn* erzählt. Und wenn das nicht mehr reicht: Hass.

Ich bin superwichtig! Ich bin gefährlich! Ich bin *da*!

So hängen wir im Netz am Angelhaken unserer existenziellen Gefühle – mitten in einer Simulation, die unser Hirn einfach für echt halten muss. Wir brüllen und toben, weil die Verbundenheit, die uns vorgegaukelt wird, nie *erfüllt* wird.

Hypermedialität, die

Hypermedialität entsteht, wenn die Sphäre des Medialen die Erfahrungen und konkreten Wirklichkeiten überschreibt. Es kommt dann zu einer Virtualisierung der Wahrnehmungen. Weil es nur noch um »abstrakte« Deutungen, Behauptungen, Reize und Gerüchte geht, fallen die Wirklichkeitsrahmen, an denen wir uns orientieren, in sich zusammen. Wir geraten in eine Trance des hysterischen Denkens, das von Ängsten, Behauptungen und Übertreibungen geprägt ist.

Concept Creep –
Wie die Realität aus dem Ruder gerät

Machen wir ein kleines Wahrnehmungs-Experiment. Verteilen wir an zehn zufällig ausgewählte Menschen Kärtchen mit roten und blauen Punkten. Die roten, so erklären wir, sind »die Bösen«. Die blauen stehen für »die Guten«. Die Probanden sollen einfach nur in Listen schreiben, wie viele Gute und Böse es auf den Karten gibt. Wir wiederholen die Kartenausgabe. Zehnmal. Zwanzigmal. Dann schmuggeln wir unklare Misch-Farbtöne in die Karten. Mit violettstichigen, blassblauen, blauroten Punkten. Nach einer Weile zeigt sich in allen Gruppen eine Zunahme der »Bösen«. Obwohl die Farbtönungen rein zufällig sind.

Man kann diese Übung auch mit freundlichen und bedrohlichen Gesichtern machen. Wenn die Anzahl bedrohlich wirkender Gesichter im Lauf des Experiments reduziert wird, werden plötzlich immer mehr neutrale oder ganz normale Gesichter als bedrohlich *bewertet*.

Das ist der Effekt des *Concept Creep*. Erforscht wurde dieses »Kriechen der Konzepte« mit vielen Experimenten vom Sozialpsychologen Nick Haslam. Es lohnt sich, das Phänomen ein wenig genauer zu beleuchten.

Die sieben Dimensionen des Concept Creep

Creep 1: Vermischung

Können Sie sich noch erinnern, als Werbung einfach WERBUNG war? *HB – Gut gelaunt genießen.* Eine der legendären Zigarettenreklamen der 60er-Jahre. Das HB-Männchen explodierte immer, wenn es an den Widerständen der Welt verzweifelte. Darüber konnten sich alle, jung und alt, Raucher und Nichtraucher, amüsieren. Werbung konnte unterhaltsam sein, unterhaltsam und in den 90ern sogar Kunst. Botschaft und Wirkung blieben in gewisser Weise getrennt voneinander.

Sehen wir hier einen Wutbürger?

92

Heute ist Werbung Teil des *Marketing* und beinhaltet »Kommunikation«. »Infotainment«. »Content«. Werbung soll »penetrieren« und »*Change Ability*« haben, am besten »viral gehen» (in Corona Zeiten eine eher ungünstige Formulierung). Werbung kriecht also aus ihrem Frame als identifizierbare Botschaft heraus. ALLES kann plötzlich Werbung sein. Der Branchenverband der Digitalwirtschaft Bitcom fand in einer Studie im Jahr 2018 heraus, dass jeder zweite Nutzer von Sozialen Medien keinen Unterschied mehr zwischen Werbung und Information erkennen konnte.

Creep 2: Erweiterung

Nach Nicholas Haslam können Wahrnehmungskonzepte in vertikaler wie in horizontaler Richtung ins Kriechen geraten. In der vertikalen Variante wird ein kleineres Phänomen einem mächtigen Mem (oder Frame) »untergeschoben«. Man nennt zum Beispiel einen konservativen Menschen »Nazi« oder bezeichnet Corona-Einschränkungen als »Faschismus«. Oder man trägt einen Judenstern mit der Aufschrift »ungeimpft«. Das Creeping-Prinzip funktioniert hier auf der Ebene der skandalisierenden *Definitionserweiterung*. Bei der horizontalen Creep-Variante bläht man einen *Bedeutungsrahmen* auf, der früher begrenzt war. In meiner Jugend waren *Süchtige* immer Heroin-Drogenabhängige. Heute kann man spielsüchtig sein, sexsüchtig, esssüchtig, spaziersüchtig, emotionssüchtig, vergnügungssüchtig, Netflix-süchtig, brotbacksüchtig. Das führt zu einer Entgrenzung von Diagnosen. Hippelige Kinder leiden immer unter ADHS. Essstörungen beginnen bereits drei Millimeter vor oder nach dem Idealgewicht. Wer traurig ist oder lange trauert, hat eine Depression. Artensterben ist heute nicht mehr das Aussterben von Arten. Sondern bereits die Reduzierung von Populationen.

Ist das unbedeutend? Keineswegs. Durch Begriffe beschreiben und be-greifen wir die Welt. Wenn wir die Begriffe verlieren, verlieren wir die Welt.

Creep 3: Entnormalisierung

Früher war es heiß oder kalt oder regnerisch, und immer auch mal »verregnet«. Jetzt aber kriecht das Wetter aus seinem Wettersein heraus: *New York: Fast ein Meter Schnee bei Blizzard! Extremwetter: Mörderische Sturmfront rast auf Europa zu! 40 Liter Regen in einer Stunde: Beginnt bereits die Klimakatastrophe?*

Die Wiener *Presse* schrieb einmal: »Die Hitze fehlt: Ein Sommer fast wie damals … Ein paar warme Tage, dann wieder Regen – und so gut wie keine echten Hitzetage: Der heurige Sommer hat bisher die Erwartungen und Befürchtungen so gar nicht erfüllt. Vielmehr zeigt sich das Wetter so, wie wir es von früher kennen – als Tage mit 30 Grad die Ausnahme und nicht die Regel waren.« Hier wird eine frühere Normalität als abnormal deklariert. Das Unnormale kriecht sozusagen in die Normalität hinein. Das führt zu einer Art Amnesie: Man vergisst, dass es Wetterereignisse wie Starkregen, Wirbelstürme, heftige Schneefälle und Sturmfluten immer schon gab. Auch ohne Global Warming und auch in katastrophaler Dimension. Die »grote Mandränke« – das große Ertrinken« – zum Beispiel zerstörte 1362 ganz Schleswig-Holstein und erzeugte dort die heutige Inselwelt. In der »vercreepten« Normalität sind wir immer erschreckt; sie entspricht einem permanenten Ausnahmezustand, in dem wir heimatlos herumirren.

> *Eine Lüge möchte, dass du Angst bekommst. Und schlechte Nachrichten wollen, dass du immer wieder zurückkommst.*
>
> A. L. Kennedy

Creep 4: Anspruchs-Creep

Stellen Sie sich vor, eine Gesellschaft würde immer wohlhabender. Alle fahren mit dem Fahrstuhl nach oben. Auch die Ärmeren verfügten über immer mehr Güter. Aber je höher wir auf der Prosperitätsleiter klettern, desto enttäuschter sind wir von den Ergebnissen des Wohlstands. Und desto mehr nehmen wir Störungen als Anzeichen von Instabilität wahr.

Dieser Creep-Effekt nennt sich die »Restübelthese« oder die »Penetranz der negativen Reste« (eine Wortschöpfung des Philosophen Odo Marquard): In einer Gesellschaft der steigenden materiellen Sicherheit werden die verbleibenden Unsicherheiten umso skandalöser. Ein anderes Wort ist »Fortschrittsparadox«: Je wohlhabender wir werden, desto unsicherer und ärmer fühlen wir uns. Je demokratischer die Gesellschaft wird, umso undemokratischer wirkt sie. (»Merkel-Diktatur schlimmer als in der DDR!«) Je mehr Regeln eingehalten werden, umso skandalöser wirkt der Regelverstoß.

Die Folge dieses universellen Skandalismus ist eine Hysterie, die sich aus dem Wohlstand selber speist. Und die aus jedem Diebstahl ein Zeichen für den Zerfall und aus jedem Tötungsdelikt eine aufwendige Filmserie macht. Man hat den Eindruck, dass Diebstahl, Mord und Totschlag sich ständig ausbreiten. Auch wenn das Gegenteil der Fall ist.

Creep 5: Moral-Creep

In der Erregungsgesellschaft kriecht das Moralische irgendwann aus dem Ethischen heraus – und wird zu einer Anspruchs-Attitüde.

Zum Beispiel verändert sich der Vorwurf der Ungleichheit. Jede Gesellschaft erzeugt immerzu Ungleichheiten. Das liegt im Wesen komplexer sozialer Dynamik. Sozialer Fortschritt besteht im möglichen Ausgleich dieser Differenzen. Allerdings sind die Möglichkeiten staatlichen Handelns immer beschränkt. Und Umverteilung kann nicht Menschen »wohlhabend« machen.

Da aber in der hypermedialen Welt unentwegt nur verglichen, »gerankt« und dabei (ab)gewertet wird, nimmt der subjektive Verdacht, überall und immer betrogen zu werden, übermächtige Züge an: *Hellas pleite: Rettet der deutsche Steuerzahler faule Griechen? Das neue Bankengesetz: Betrug oder Kapitalverbrechen? Frauen in der Arbeit: Ausgeschlossen oder ausgepresst?*

In solchen typischen Talkshow-Titeln entfaltet sich eine soziale Ungerechtigkeits-Hysterie, ein *Social Creep*, der jede Debatte über die Gesellschaft zerstört, weil das Problem der Ungleichheit ins Extreme gesteigert wird. Es geht nun nicht mehr um Lösungen oder Milderungen, sondern nur noch um Schuldvorwürfe. Um Spaltung und Anklage in apokalyptischer Geste: Die Gesellschaft »bricht auseinander«. Die Armen – oder Nicht-so-Reichen – werden schrecklich ausgebeutet! Das ist eine fette Nährlösung, der CODE für den rechten Populismus.

> *Früher war alles besser, weil man wusste, wie schlecht alles war. Heute ist alles schlechter, weil man glaubt, dass unbedingt alles gut sein muss.*
>
> Lisa Eckhart

Die Mind-Revolte

Wie kann man all diesen kriechenden und rasenden Phänomenen gegenübertreten, die die Gesellschaft, ja die ganze Welt als Katastrophe *framen*? Eben nicht, indem man sie kritisiert. Auch nicht dadurch, dass man rebelliert. Schon gar nicht, indem man argumentiert oder Bedenken äußert, ob nicht alles doch etwas weniger schlimm ist: Gegen Trump sein heißt, ihn zu stärken. In medial erhitzten Debatten die Vernunft zu vertreten, ist reine Peinlichkeit. Im Meinungskrieg selbst Meinungen herauszuschleudern, ist hoffnungslos.

Die amerikanische Künstlerin Jenny Odell hat ein Buch mit dem schönen Titel *Nichts tun* (»Doing nothing«) geschrieben. Es gehört zu den Lieblingsbüchern von Barack Obama und wurde überraschenderweise zu einem Bestseller. Odell beschreibt, wie sie sich nach der Wahl von Trump weigerte, in die typische Schockstarre zu verfallen und unentwegt an der Realität des Ungeheuerlichen zu verzweifeln. Stattdessen entschloss sie sich, eine stoische Haltung einzunehmen. Und aus dem Aufmerksamkeits-, Angst- und Erregungs-Zirkus rund um Trump auszusteigen. Aber wohin auszusteigen?

Odell beschreibt die schon länger in Mode gekommenen »Digital-Diet«-Camps, bei denen man sein Smartphone feierlich in einem Tresor einschließen muss und zwischen verschiedenen Aktivitäten von Bogenschießen bis zur Kuscheltherapie wählen kann. Aber das ist eben *nicht* das, was sie meint, wenn sie vom »Ausstieg« schreibt. Sie propagiert vielmehr einen Weg der Verantwortung gegenüber der Gesellschaft *und* sich selbst. Eine Strategie der Selbstsorge, die Voraussetzung ist für ein neues Rendezvous mit der Realität

Odell setzt sich mit der Tradition der *Kyniker* auseinander, die sich in der Antike in einer Rolle der »verweigernden Teilhabe« befanden:

> Was dann nötig wäre, ist aber nicht, sich ein für allemal auszuklinken, sondern fortlaufendes Training: die Fähigkeit, die Aufmerksamkeit nicht nur zurückzuziehen, sondern sie an anderer Stelle zu investieren, sie auszuweiten und zu verstärken, sie zu schärfen. Wir müssen innehalten können, um zu überlegen, während der Klickköder will, dass wir klicken. Unbeliebtheit riskieren, indem wir nach Kontexten suchen … Wir müssen erkennen, wenn uns ein schlechtes Gewissen gemacht wird, wenn wir bedroht und in Reaktionen getrieben werden, die nicht aus unserem Willen und der Reflexion, sondern aus Sorge und Angst entstehen.[34]

Wissende Ignoranz oder die Aufmerksamkeits-Rezession

Wenn Aufmerksamkeit der Köder ist, an dem wir alle hängen, dann ist *wissende Ignoranz* der Weg zu einer neuen Freiheit, eine neue Souveränität. Schon vor Corona hat sich eine stille Bewegung gebildet, die eine mentale Antwort auf die mediale Hysterisierung versuchte. Die Achtsamkeits-Bewegung.

Achtsamkeit ist, ähnlich wie Nachhaltigkeit, eines von diesen Teufelsworten, die selbst einem semantischen *Creep* unterliegen. Man kann so ziemlich alles hineinpacken – von einer elitären Überempfindlichkeit bis zu einer esoterischen Ignoranz, die narzisstische Züge annimmt. Im Kern aber geht es darum, die eigenen Wahrnehmungen und inneren Konstruktionen zu verstehen und zu steuern. Um eine innere

Reise, die uns weg von den Creeps und hin zur Wirklichkeit der Welt führt. Der Welt, in der wir wirken können.

Echte Achtsamkeit bedeutet aber nicht, den eigenen Geist auf eine Beobachterposition zurückzuziehen (zum Beispiel durch Formen der Meditation und Kontemplation). Es braucht auch eine aktive Dimension. Das entscheidende Element der »Mindness« (oder »Mindfulness«) ist, dass wir unser Denken als wichtiges Element der Wirklichkeit begreifen lernen. Mit anderen Worten: Verantwortung dafür übernehmen, wie wir die Welt im Kopf *konstruieren*. Mindfulness bedeutet, dass wir den Lärm nicht mit der Wirklichkeit verwechseln. Und unsere Affekte nicht mit der Realität.

Es gibt eben nicht nur Problem oder Lösung, Erfolg oder Scheitern, echt oder fake. Die Alternative ist eine Art integriertes Denken. Es entspricht der Uneindeutigkeit der Welt, begegnet ihr aber mit Lust am Spiel, am Experiment, am Wagemut. Denken in Schleifen, in Rundungen und Rückkoppelungen.

Lust an Komplexität. Verstehen, wie die Dinge zusammenhängen. Sich gedanklich in Schleifen bewegen. Ergänzungen durch Integrieren erschaffen. Nuancen forcieren.

Öffnungen suchen.

Integriertes Denken bedeutet, dass wir uns beim Beobachten selbst beobachten können. Integriertes Denken heißt, im Widerspruch immer das andere *mitdenken* zu können – und dann trotzdem eine Entscheidung zu treffen.

Um ein anderes, der Welt angemessenes Denken zu lernen, müssen wir uns aber vom Terror der Aufmerksamkeitsmedien befreien. Heute deutet sich an, was man in den USA inzwischen die »Aufmerksamkeits-Rezession« nennt.[35] Eine Folge von Corona wird sein, dass sich ein wachsender Anteil von Menschen von den rasenden medialen Manipulationen verabschieden wird. Nachdem wir alle Serien auf Netflix ge-

sehen haben, wissen wir, dass es im Grunde immer das Gleiche ist. Nachdem wir durch alle Phasen des *Doomscrolling*
gegangen sind – dem endlosen Klicken auf immer neue
Schreckensmeldungen –, nachdem wir verstanden haben,
dass alle »Meldungen« und »Meinungen« und »Informationen« in Wahrheit nur eine Form der Werbung sind, machen
wir uns auf in eine neue Wirklichkeit.

Mindness oder Mindfulness, die

Ein Zustand, in dem sich unser Hirn in einem aktiven Be-
wusstseinszustand befindet. Im Zustand der Mindness befinden wir uns im Gleichgewicht zwischen rationalen, emotionalen und reflexiven Zuständen, die sich gegenseitig
durchdringen. Wir kontrollieren, worüber wir uns aufregen
und was wir bewusst ignorieren, weil es entweder nicht zu
unseren Aufgaben oder unseren Möglichkeiten passt. Wir
sind in der Gegenwart ausgerichtet auf die Zukunft.

Die urbane Wende

Die Verwandlung der Städte – und des »flachen« Lands

Erinnern Sie sich an das ungeheuer intensive Gefühl, in der COVID-Zeit durch eine menschenleere Stadt zu laufen? Durch ein leeres Hamburg, ein einsames Paris, ein gespenstisches Barcelona? Was sich zeigte, war ein geistiges Negativ der urbanen Energie. Eine Leere, die auf ihre Fülle hinwies.

In einer Epidemie fliehen die Reichen aus den Zentren auf ihre Landhäuser und lassen einen »Raum in der Mitte« zurück, der neu gefüllt wird. Wenn der Tourismus und der Kommerz versiegen, werden Bewohner plötzlich wieder zu *Bewohnern*, die ihre Stadt neu erfahren können. Tiere wandern zurück in die Steinwüsten. Oder ändern ihr Verhalten.

Viele meiner Bekannten haben mir vom Vogelklang im Lockdown erzählt.

Es entstehen Freiräume, in denen plötzlich Möglichkeiten auftauchen. Fahrradfahrer erobern den öffentlichen Raum. Autos fahren verpanzert durch die Stadt; die Insassen fühlen sich nicht wohl – sie realisieren plötzlich, dass sie Eindringlingen, Usurpatoren ähneln. Bürogebäude werden obsolet, Kaufhäuser von Kreativen in Beschlag genommen. Luxusapartments stehen zum Verkauf. Die Häuser der Reichen werden vernagelt oder markieren sich selbst nur noch durch den Klang der Alarmanlagen.

Als die Inzidenzraten nach der dritten Pandemie-Welle sanken, machte sich in New York wieder diese eigentümliche Vorwärts-Euphorie breit, die schon die erste Welle gekennzeichnet hat. Das ist *unsere* Stadt, und wir werden widerstehen! Überall leuchtende Gesichter, Umarmungen, angedeutete Küsse zu den Fremden, die nun *Mit*bewohner und *Mit*menschen geworden waren. Die ersten Partys. Die ersten Konzerte. Alles wird neu, was früher Routine oder gar Pflichtübung war. Alles wird neu, und die Stadt leuchtet in Wiedergeburt.

Die urbane Metamorphose

Wir schreiben das Jahr 2038. Können Sie sich noch an die engen, von Verkehrsstaus und Smog geprägten Metropolen der Vergangenheit erinnern? Natürlich nicht. Das klingt so absurd wie für einen Menschen des Jahres 2020 die Vorstellung, in Flugzeugen und Restaurants zu *rauchen*. Die Vor-Corona-Städte, in denen sich die Menschen den Autos und dem Lärm beugten, an den sie sich in der Triumph-Phase der industriellen Lebensweise gewöhnen mussten? Na klar. Wir erinnern uns. Aber heute ist alles anders.

Die dominante Dimension des Urbanen war der Autoverkehr. Morgens wanden sich lange Autoschlangen in die Stadt hinein. Abends wieder hinaus. Gefüllt mit frustrierten Angestellten, die an ihrem Leben zweifelten. Der Takt wurde von den Büros und den Öffnungszeiten der Läden vorgegeben. Die Stadt war vielfach geteilt, gespalten in Funktionseinheiten. Der Kommerzbetrieb im Inneren. Riesige Einkaufszentren mit gigantischen Parkplätzen an der Peripherie. Schlafstädte. Gewerbestädte. Bürostädte. Suburbs. Gettos für alles Mögliche. Für Kinder, Alte und *Andere* war in dieser Stadt nur begrenzt Platz. Und vor allem mangelte es an Raum für das Organische, die Begegnung mit der Natur.

Heute wuchert überall das urbane Grün. Auf den Dächern. An den Fassaden. In den Innenräumen der transparenten Glasbauten wachsen Dschungel. Im Untergrund der künstlich beleuchteten Farmen, die Teile des stillgelegten U-Bahnsystems erobert haben. Ganze Areale der Stadt sind verdschungelt. Die Stadt ist eine Zehn-Minuten-Stadt. In zehn Minuten Fußweg oder fünf Minuten Fahrrad erreicht man alles, was man braucht. Shopping, Freizeit, Sport, einen üppigen Park. Medizinische Versorgung, Kultur, das Bürgeramt.

Corona gab der alten, der industriell geformten und gespaltenen Stadt den Rest. In allen Großstädten kam es zu einem erstaunlichen *Shift*. Aktivisten, Stadtplaner, Lokalpolitiker, Bürgermeisterinnen formulierten einen New Deal des Urbanen. »Kopenhagenisierung« nannte man das auch. Oder »New Smart Urban Living«.

Kopenhagenisierung, die

Benannt nach der Pionierstadt Kopenhagen, steht heute für die postindustrielle Urbanisierungsphase, in der die alten Spaltungen und Selektionen des Städtischen aufgehoben und integriert werden. Zuallererst wird der Autoverkehr gezähmt, indem überall in der Stadt das Fahrrad und der Fußgänger den dominanten Teil der Mobilität übernehmen. Dann werden die öffentlichen Räume zu lebendigen Begegnungszonen transformiert – weg von den toten Flächen zwischen Gebäuden. Die »Problemgebiete« der Stadt werden durch *smarte Gentrifizierung* transformiert. Das Ziel ist die Zehn-Minuten-Stadt, in der alle wichtigen Dienstleistungen und Services auf kurzen Wegen zu erreichen sind.

Die Beziehungsarchitekten

Jan Gehl ist der berühmteste Stadtplaner der »neuen urbanen Vitalität«. In allen Kontinenten, selbst in »heiklen«, auch in Großstädten wie Bogotá oder Moskau, gestaltet er mit seinem Planungsbüro die öffentlichen Räume, die in der industriellen Stadt oft verkommen, verslumt, verödet sind. Schließlich waren sie immer nur die Zwischenräume zwischen den Gebäuden, und Menschen störten eher die öffentliche Ordnung. Gehls Parole lautet: Erst die Menschen. Dann die Räume. Dann die Gebäude.

Die amerikanische Architektin Jeanne Gang baut große Objekte, meistens Wohnhäuser, aber auch Polizeistationen und Hochhäuser, überall auf der Welt. Auch sie sieht aus einer radikalen Perspektive auf das Bauen: aus der Sicht der sozialen Beziehungen. »Ich gestalte kein Beton, ich gestalte Beziehungen«, sagt Jeanne Gang.

Eines ihrer größten Projekte ist ein Wohnturm mit 70 Stockwerken in Chicago, der AQUA-Tower mit über 700 Apartments. Der Aqua Tower ist eine vertikale Neigbourhood. Durch seine organische Fassade mit versetzten Balkons ist jederzeit Kontakt unter den Mitbewohnern möglich. Und nötig.

Der 21 Stockwerke hohe weiße AYA TOWER in Beirut ist ein weiteres Beispiel für eine Architektur, die Städte zum Positiven verändert. Er steht nur wenige Kilometer vom Hafen entfernt, in dem im August 2020 eine gigantische Explosion stattfand. Damals war der Turm eine Baustelle, wurde aber kaum beschädigt. Das Gebäude ist ein Fanal der Hoffnung nach der Katastrophe. Die Architekten von SOA, einem Architekturbüro in Paris, bauten den Turm als »Vertical Village« – er besteht aus kompletten Ein-

Der AQUA-Tower in Chicago:
eine vertikale Neighbourhood

familienhäusern, so geschickt aufeinandergetürmt, dass jedes Apartment eine offene Terrasse hat. Geschäfte und Büros in den unteren Etagen machen das Gebäude weitgehend autark. Solche symbolischen Gebäude der Hoffnung können eine enorme Heilwirkung auf krisengeschüttelte Städte haben. So wie das Guggenheim-Museum die Stadt Bilbao nach einer langen Phase des industriellen Niedergangs veränderte.

Überall auf der Welt explodieren neue Formen der Wohn-Konnektivität. Alleine in Deutschlands Groß- und Mittelstädten gibt es heute (2021) an die 3000 Projekte sogenannter Co-Housing- oder Co-Living-Projekte. Ein Co-Living-Quartier ist zunächst ein ganz normales Wohnquartier, allerdings sind seine Funktionen anders vernetzt als in klassischen

»Wohnblocks«. Das Hunzinger-Areal in der Nähe des Züricher Flughafens *beherbergt* – ja, so kann man das sagen – 2500 Menschen diversester Art. Alt und Jung. Queer und Straight. Singles und Clans. Alleinerziehende und Wohngemeinschaften. Es gibt Restaurants, Läden, Galerien, Werkstätten, eine große (aus Holz gebaute) Schule. Und einen großen Urban-Gardening-Bereich. In solchen Bauformen wird ein neues Miteinander in der individualisierten Gesellschaft versucht. In einer Pandemie muss niemand einsam zurückbleiben. Die Mieten sind günstig, weil der Grund und Boden kommunal verbilligt wurde. Man kann kaufen, mieten oder »leasen«.

Die Verdörflichung des Urbanen

Was erzeugt den »urbanen Sog«, der seit Jahrzehnten das weite Land von Menschen freisaugt? Es waren die Gebildeten, die jungen Frauen, denen ihre dörfliche oder kleinstädtische Herkunft zu eng erschien. Sie zogen in die Metropolen, in die Schwarmstädte, wo man alles endlos studieren konnte. Man zog in Wohngemeinschaften, in bunte Quartiere. Andere wechselten den Wohnort aufgrund der Verlockungen besser bezahlter Jobs. Immer war es auch die Diversität, die Erlebens-Intensität, die Chance der Selbstfindung durch soziale Dichte, die junge Menschen in die Metropolen zog.

Im Nach-Corona erweisen sich all diese Argumente für die Großstadt als weniger schlagend. Die Ausweitung der Arbeitszone ins Mobile und Virtuelle macht viele Jobs nun unabhängig von einem Standort. Oder man kann »draußen« wohnen und in der Stadt arbeiten, oder umgekehrt. Die Sehnsucht nach Gemeinschaft und Natur treibt Städter wieder hinaus aufs Land. Noch einmal möchte man sich die

Erfahrung des Lockdowns nicht in einer engen, überfüllten Beton-Umwelt erleben ...

Natürlich werden jetzt nicht alle aufs Land ziehen und die Städte veröden. Und doch beginnt ein neuer Zyklus der Stadt-Land-Dynamik, der längst fällig war.

- 1800–1840: Erste Industrialisierung, Romantik – raus aufs Land.
- 1870–1910: Metropolen-Boom – Zug in die Großstadt.
- 1960–1990: Urbane Krise – hinaus aufs Land.
- 1990–2020: Metropolen-Boom – Städte werden kultureller, diverser und kreativer.

Nun »verdörflicht« die Stadt in neuen, gemischten und verdichteten Lebensformen. Kieze, Gräzl (österreichisch), Areale, Quartiere verdichten sich zu Neighbourhoods. Aus Stapelwohnen wird Nachbarschaft, und immer mehr werden diese Architekturen bewusst gestaltet. Was sind Co-Working-, Co-Gardening- und Co-Living-Projekte anderes als »Verdörflichungen« des Lebens, in denen Tätigkeit und Alltagsleben, Erwerb und Vergnügen wieder ineinandergreifen und miteinander verbunden sind?

Progressive Provinzen

Gleichzeitig beginnt eine neue Welle der Urbanisierung des Dörflichen. »Agronica« nannte der italienische Architekt Andrea Branzi den von den Bedingungen der elektronischen Kommunikation umgestalteten ländlichen Raum. Ein ziemlich technischer Begriff, der wieder eher an alte technokratische Mythen anknüpft (»Wenn alle Turbo-Internet haben, ist alles gut«). Das Netz löst Verbindungsfragen, aber keine Beziehungsfragen. Aber das Periphere bleibt im Zeichen des elektronischen Anschlusses nicht peripher. Das Abgelegene kann ins Zentrum rücken. Oder es kann seine eigene Abgeschiedenheit genießen.

Während früher Dörfer und Kleinstädte versuchten, mit durchbetonierten Gewerbeparks an die urbane Welt anzuschließen, überspringen sie nun negative Industrialisierungsphasen. Sie schließen sich zu »LQ-Regionen« zusammen – Lebensqualitäts-Clustern. Dabei geht alles, was normalerweise nur in der Stadt geboten wurde, jetzt auch in der Fläche. Design, Kultur, Kunst sowie die Gastronomie des Edlen können gerade in der tiefsten Provinz blühen und gedeihen.

Mittlere Kleinstädte mit einer guten Infrastruktur gewinnen in diesem Trail – wenn sie zukunftsfähige Bürgermeisterinnen und Bürgermeister haben. Die Öde in den meisten Kleinstadt-»Citys« weicht einem »neuen Kommunalismus« der Bürgergemeinschaften. Längst sind es nicht mehr nur Fußballvereine und freiwillige Feuerwehren, die die ländliche Zivilgesellschaft ausmachen. Längst gibt es dort auch Yogagruppen, Segelflugvereine, Gourmet-Vereinigungen, Tech-Unternehmer-Clubs. Die Vision einer zukunftsgewandten Dorfgemeinschaft, die sich nicht mehr in ihrem Groll gegen Welt und Wandel selbst vergräbt, erlebt in den neuen 20er-Jahren einen Aufschwung. Lasst intelligente, integrierte und weltoffene Dörfer blühen!

Feminisierte Revolten
Die neuen »Gender Wars«

Täuscht der Eindruck – oder hat die Entwicklung der Gleichberechtigung von Frauen in der Gesellschaft mit dem Corona-Jahr 2020 eine neue Wendung genommen? Vordergründig bleibt alles beim Alten. Männer sitzen in den Vorstandsetagen. Männer dominieren mit ihren Themen den politischen Diskurs. Männer definieren Ökonomie und Politik. Männer haben überwiegend auch die Corona-Krise gedeutet. Aber ähnlich wie die ökologische und die soziale Frage bekommt auch die »Frauenfrage« im Nach-Corona einen anderen Klang. Den Klang der kommenden Wirklichkeit.

Womöglich hat das etwas mit den erstaunlichen Erfolgen von Politiker*innen* in der globalen Epidemie zu tun. Nehmen wir Neuseeland, diese ferne und leicht als Hobbit-Kolonie verspottete Märchen-Insel *Down Under.* Dort führte die charismatische Premierministerin Jacinda Ardern das Land durch einen schrecklichen Terroranschlag *und* die Epidemie in einen neuen Zusammenhalt. Durch einen anderen Führungsstil, der *integrativ* mit der Gesellschaft kommunizierte. Einen weiblichen Stil. Ähnlich wie bei Taiwans Tsai Ing-wen, Dänemarks Mette Frederiksen, Finnlands Sanna Marin, Norwegens Tone Wilhelmsen Trøen.

Und was verbindet man mit Jair Bolsonaro, Wladimir Putin, Donald Trump, Narendra Modi und Rodrigo Duterte, die »neuen Autokraten«? Unter anderem: astronomische Infektions- und Todeszahlen.

Vereinfacht gesagt ging es im Corona-Universum um zwei

grundlegende Prinzipien: Männliche Demonstrationspolitik gegen weibliches »Care«-Prinzip. Fürsorge gegen Kraftmeierei. Allerdings darf man nicht den Fehler machen, das Care-Prinzip nur Frauen zuzuordnen. Auch Rebelo de Sousa, Präsident von Portugal, führte sein Land nach einem schlimmen Corona-Ausbruch in der zweiten Welle durch einen tiefen, langen Lockdown. Zu erwähnen wäre auch der kleine, buddhistisch geprägte Staat Bhutan, Heimat des Bruttonationalglücks. Bhutan hatte nie mehr als 150 Infektionsfälle pro Tag und *einen* einzigen Todesfall in der gesamten Corona-Zeit. Wie konnte dies erreicht werden? Durch ein Gefüge von Eigenverantwortung und einer Alltagsfürsorge. Das hatte nicht unbedingt etwas mit Männern oder Frauen zu tun. Bhutans Regierung wird gecoacht von einem (ziemlich männlichen) buddhistischen Weisenrat, der dazu beitrug, dass die gesamte Bevölkerung Anfang April innerhalb einer Woche zu nahezu 100 Prozent geimpft wurde.

Retro-Feminismus und radikalisierte Männer

Aber kreist nicht die Geschlechterfrage längst um andere Fragen: Identität, Transsexualität, *Gender Fluidity*? Die Auflösung von Geschlechterunterschieden scheint längst spannender als Mann-und-Frau-Themen. Wir beschäftigen uns eher mit Toiletten- und Sprachfragen, in Form eines nervösen Kulturkrieges, der sich selbst davongaloppiert. Aber es spricht viel dafür, dass im Nach-Corona die feministische Klassik zurückkehren wird. Danach wird die Welt anders aussehen.

Längst hat sich die Gegenoffensive der Männer gegen die Emanzipation der Frauen weltweit formiert. Ihre Plattform ist der rechte Populismus, bis hin zum diktatorischen Autokratismus à la Putin oder Bolsonaro. Oder die religiös-fanatischen Führerkulte des Nahen Ostens, vom Schiitismus und Wahabitismus bis zu Erdogans klassischer Macho-Attitüde. Die Basis der männlichen Gegen-Offensive setzt sich aus vier sozialen Gruppen zusammen, die in jeder Gesellschaft existieren, allerdings in anderen Verteilungen und Ausformungen:[36]

Die Wut-Verlierer: Eine Gruppe von Männern mittleren bis späteren Alters, die durch biografische Verläufe in eine Identitätskrise geraten sind. Berufliche Deklassierung kann hier eine Rolle spielen, aber auch eine als Demütigung erlebte, zum Beispiel Scheidung. Zu dieser Gruppe gehören auch strukturell gewaltbereite Männer, die in ihrer Verzweiflung zu Stalking-Methoden, ehelicher Gewalt oder im schlimmsten Fall Ehrenmorden greifen.

Die Incels: Junge Männer, die sich in Frauenhass üben, weil sie sich als sexuell oder erotisch dekomprimiert fühlen und dies im Hass auf »Frauen generell« kompensieren. Viele virtuelle Hasskampagnen, viele Unflätigkeiten und Übergriffe gegen Frauen im Internet stammen aus diesem Milieu.

Die Religionsfanatiker: Traditionale Männer, die aus klassischen Großfamilien oder frommen Sozialisationssystemen stammen und in der feminisierten Moderne eine massive Bedrohung spüren. Diese Gruppen gibt es im islamischen wie im christlichen, zunehmend auch im hinduistischen und buddhistischen Kulturraum. Oft wird die Verachtung für Frauen auf Homophobie umgelenkt.

Die Herrenreiter: Dominante Macho- oder Alpha-Männer, die noch vor wenigen Jahren im Mittelpunkt der Bewunderung standen – in der Wirtschaft und besonders im Kulturleben. Hier hat die MeToo-Bewegung viel verändert. Einige dieser Ikonen übergriffiger Männlichkeit sind öffentlich regelrecht zerstört worden. Andere, etwa Chefredakteure von Boulevardzeitungen, halten sich nur mit wackeligen Manövern und Deals. Machtausübung mit einem sexuellen Unterton ist zum ersten Mal in der Geschichte wahrhaftig unter Druck geraten.

Dieses Milieu der aggressiven Männlichkeit ist zerfasert und sich politisch meistens spinnefeind. Aber hier verlaufen die Frontlinien: Verunsicherte Männlichkeit führt zu Gewaltformen, die wiederum auf verunsicherte Männer zurückführt. Und sogar auf manche Frauen, die sich in ihrer inneren Selbstabwertung den scheinstarken Männern an den Hals werfen.

Die neuen Revolten

Wir stehen vor einem Zeitalter von neuen Revolten. Weltweit mehren sich wieder die Aufstände, die Rebellionen, die *Urban Clashes,* in denen sich die Energien von Freiheits- und Unterdrückungswillen begegnen. In nicht wenigen Ländern der Welt sind neue »Mannokratien« ausgebrochen, die sich schnell in echte Diktaturen verwandeln können.

»Plötzlich ist die Aussage einer simplen Tatsache eine Frage zwischen Wissenschaft und Glauben«, schreibt die Demokratieaktivistin Ece Temelkuran, die aus der Türkei Erdogans emigrieren musste.

Konfrontiert mit dieser unfassbaren Dummheit rollst du deine Augen, plötzlich sollst du einen Kampf noch einmal ausfechten, der seit dem

Mittelalter entschieden schien. Plötzlich musst
du die Mehrheiten gegen diese Soldaten der
Gewalt organisieren. Aber das, mein Freund,
erfordert eben mehr als wütend zu sein über die
Wütenden, sich aufzuregen über Klimaleugner,
Trump-Wähler, Brexit-Freaks, Frauenfeinde,
Rassisten und verklemmte Marktfanatiker.
Ece Temelkuran[37]

**In den Aufständen gegen die Autokratien oder
populistischen Regimes spielen die Frauen eine
ganz neue und dominante Rolle.** Anders als etwa bei
den Achtundsechzigern sind sie der Kern der Bewegung.
Ganz besonders sichtbar wurde das in Belarus, wo eine moderne, emanzipierte Frauengeneration einem gewaltaffinen
gerontokratischen Parteiapparat gegenübersteht. Ähnlich ist
es in Myanmar, wo die Frauen schon durch Aung San Suu
Kyi eine ganz andere Rolle spielen als in anderen Erhebungen
gegen Militär-Diktaturen. Oder in der Türkei, wo Frauen
ganz oben auf der Liste der Unterdrückten stehen. In der
Türkei gibt es ein großes Reservoir von Frauen, die in der
liberalen Phase vor dem Erdogan-Regime weitreichende
Emanzipations- und Autonomiefortschritte erlebten, und
nun wissen, was sie verlieren. Ebenso ist es in Polen und Ungarn oder in Thailand, wo ein reaktionärer Populismus auf
eine Frauengeneration trifft, die einige Jahrzehnte ihre Freiheiten und Rechte ausüben konnte.

»Black Lives Matter« ist über weite Strecken eine Mütter-
Bewegung. In den neuen Umweltbewegungen sieht es ähnlich aus: »Fridays for Future« ist weitgehend von jungen
Frauen dominiert. Frauen riskieren in den sozialen und ökologischen Bewegungen immer mehr ihre Haut. Sie sind Kapi-

täninnen von Flüchtlings-Rettungsschiffen. Sie sind Zielscheiben der Hass-Epidemien, Lügen-Kampagnen und Bedrohungen im Internet. Der Geschlechterkonflikt wird im Politischen noch einmal glühend heiß.

Wie wird der »Clash« zwischen den neuen Aktivistinnen und den autokratischen Regimen ausgehen? Ereignisse wie in Russland, Hongkong oder Myanmar weisen darauf hin, dass die autoritären Regime dazugelernt haben. Sie wissen um die Kraft des Kulturellen, der emotionalen Sehnsüchte nach Freiheit und Schönheit. Die Angst Wladimir Putins und seiner Vasallen vor den »Regenbogen-Revolutionen« ist nicht unberechtigt. Deshalb setzen sie alles daran, die Revolte mit brutaler Gewalt im Keim zu ersticken. Dafür sind sie auch bereit, die ganze Gesellschaft zu zerstören.

Doch wir können darauf hoffen, dass die Feminisierung auch *von innen* wirkt. Frauen lassen sich nicht so leicht auf konfrontative Gewalt ein. Während Männer sich leichter in Bürgerkriegs-Szenarien verstricken, arbeiten politische Aktivistinnen eher mit den Mitteln der Veränderung durch das *Sein*. Dadurch sind sie aber auch weniger anfällig für den Putschismus, der Macht nur durch die nächste Tyrannei ersetzt. Vielleicht werden wir es aus der Zukunft so sehen: Die Erhebung der Frauen hat längst den Sieg davongetragen, während die untoten Despoten lediglich noch eine Weile im Weg herumstehen, bis der Wind der Geschichte sie wegräumt. Es wäre nicht das erste Mal!

Die blaue Revolution
Der Durchbruch der
postfossilen Transformation

Das Verblüffendste an der Corona-Krise ist, dass sie uns der ökologischen Wende so deutlich nähergebracht hat. Zwar gibt es immer noch die übliche antiökologische Hass-Polemik, die schlecht gelaunte Ökologie-Feindlichkeit, das industriell-reaktionäre Murren. Doch das Mem der Ökologie hat sich in der Pandemie auf geheimnisvolle Weise umcodiert. Die postfossile Transformation trägt nun plötzlich die Farbe des Aufbruchs. Und diese Farbe ist blau.

Der blaue Aufbruch

Noch nie haben Politik, Unternehmen und die ganze Gesellschaft die Frage der Erderhitzung so intensiv wahrgenommen wie jetzt. Noch nie haben sich so viele Manager und Führungskräfte, Konzerne und Institutionen, Regierungen und Politiker zu klaren CO_2-Zielen bekannt. Noch nie wurden so viel »Comittments« in Richtung auf eine postfossile Welt beschlossen. Nur einige Beispiele:

- Amerika hat sich nach dem Trump-Abenteuer in eine neuen CO_2-Vorreiter-Rolle begeben. Plötzlich sind die amerikanischen Zeitungen und Magazine voll von Begeisterung für die »Challenges« des ökologischen Wandels.
- Viele große Finanzagenturen verändern ihre Portfolios gerade drastisch in Richtung Ausstieg aus den fossilen Rohstoffen – getrieben von ihren Kunden.

- Apple, eine Firma, die sich unter Steve Jobs nie um die ökologische Seite ihrer Produkte kümmerte, hat sich für 2030 als »Produkt-CO-frei« deklariert und für 2040 »Operations-CO_2-Positive« – das heißt, dass nicht nur die Herstellung der Geräte, sondern auch deren Betrieb klimaneutral sein sollen.

- China hat das ehrgeizigste Nachhaltige-Energie-Programm der Welt aufgesetzt und allein im Jahr 2020 so viel Windenergie installiert wie Deutschland in den letzten 20 Jahren (Kohlekraftwerke werden zwar immer noch genehmigt, aber immer weniger.).

- Die Autobranche treibt inzwischen die Elektromobilität voran, statt sie mit allen subtilen und brachialen Mitteln zu verhindern. Einige Autokonzerne haben eigenständig das Ende des Verbrenners bis 2030 oder 2035 angekündigt. Und plötzlich sind Elektroautos stark, schön und sexy.

- Industrieverbände fordern plötzlich *strengere* CO_2-Auflagen vom Staat.

- Die Flugbranche gesteht inzwischen ein, dass sie in den nächsten Jahren nicht mehr dieselbe Dynamik erreichen wird – und dringend einen neuen Antriebsstoff jenseits von Kerosin braucht.

- ALDI, der größte und mächtigste deutsche Discounter, kündigt den Abschied vom Billigfleisch an.

- Eine deutliche Mehrheit der Deutschen ist für eine Geschwindigkeitsbeschränkung von 130 Km/h auf den Autobahnen. Wer den deutschen Autowahn ein bisschen kennt, weiß: Die Revolution steht kurz bevor!

Für den ewigen Zyniker ist das natürlich wieder niemals genug – alles nur *Greenwashing*. Aber wie Al Gore sehr richtig sagte: Wir sind an einem Tipping Point in der

Klima- und Umweltdebatte angelangt – dem Punkt, an dem das große Projekt, sich von der fossilen Wirtschaftsweise zu verabschieden, zu einem Gewinn wird.

Ich nenne den *Semantic Shift*, den die Ökologie in der Corona-Krise erfuhr, den Wandel von der grünen zur blauen Ökologie. In der Krise tauchte plötzlich eine tiefe Sehnsucht nach Wald, Horizont und Wildnis auf. Ein tiefer Hunger nach Moos und Sternen. Gleichzeitig entstand in vielen Köpfen und Seelen die Erkenntnis, dass uns nichts *wirklich* daran hindert, anders zu leben und zu wirtschaften als in der industriell-fossilen Art und Weise.

Denn eine Zeit lang taten wir genau das. Und das Wasser in den Kanälen von Venedig wurde wieder blau.

Blau steht für den Planeten. Die Atmosphäre. Die Hoffnung. Die Vision einer Welt, in der Technologie, Natur und Mensch zu einem neuen *Agreement* kommen können. Aber diese Übereinkunft muss eben nicht heißen, dass wir wieder »nach der Natur« leben. Sondern in ihr und *mit* ihr. In einem neuen Verhältnis.

Um das Wesen dieses neuen Vertrags zu verstehen, müssen wir uns zunächst noch einmal den inneren Hemmungen zuwenden, die das Ökologische so verdruckst und verklemmt werden ließen, dass viele Menschen die Hoffnung auf eine bessere Zukunft verloren haben.

Die ökologischen *Mindfucks*

Etwas ist im »grünen Diskurs« der letzten Jahrzehnte schiefgelaufen. Obwohl oder vielleicht gerade weil die grüne Bewegung so erfolgreich war. So entstand eine negative selbsterfüllende Prophezeiung. So, wie man eine Liebesbeziehung, nach der man sich sehnt, unbewusst immer wieder sabotiert. Durch eine innere Programmierung, die lautet: »Es kann nicht gehen!«

Dies sind die vier ökologischen *Verschwurbelungen*, oder auch *grüne Mindfucks*, die wir überwinden müssen:

- der Hundertprozentismus
- die Naturverheiligung
- der Weltrettungswahn
- der Verzichtsirrtum

Der Hundertprozentismus

In vielen Zeitungen und Magazinen wurden in den letzten Jahren wunderbar ironische Geschichten publiziert, in denen ein Mensch oder eine ganze Familie versuchte, ökologisch einwandfrei zu leben. Besonders lustig ist die Story mit dem Verzicht auf das Klopapier. Oder die mit dem plastikfreien Haushalt, in dem sich bald die Motten einnisteten. Allein der Versuch herauszufinden, ob Plastik- oder Papiertüten »umweltfreundlicher« sind, kostete unendlich viel Recherche.

Was wäre ein vollkommen »nachhaltiges Leben«? Ein Leben, das hundertprozentig keine Spuren, keine Abfälle hinterlässt? Es wäre ein steriles Leben, also gar *kein* Leben. Die grundlegende Struktur des Lebens ist nicht die Abfalllosigkeit. Sondern die Verschränkung der Kreisläufe und Wirkungen.

Michael Braungart, der Apologet der »Cradle-to-Cradle«-Bewegung, hält die Metapher des ökologischen Fußabdrucks für ein Terror-Bild, das uns in einer falschen Weise unter Druck setzt. Auch die Metapher der »drei Erden«, die wir ständig verbrauchen, ist alles andere als produktiv. Solche

Dürfen wir eine Spur auf dem Planeten hinterlassen?

Bilder erzeugen nur Selbsterniedrigungen, die zu Rebellionen und Leugnungen geradezu herausfordern. Denn sie marschieren in Gestalt der Ursünde direkt in unser Unterbewusstsein. Sie bestreiten unsere Existenz. Sie machen uns überflüssig.

Die Verheiligung der Natur

Wir alle fühlen uns schuldig: Schuldig, dass wir so viel verbrauchen. Schuldig, dass wir von der unschuldigen Natur nehmen, was uns nicht zusteht. Schuldig, dass wir gierig sind, egoistisch und naturzerstörend. Schuldig, dass wir überhaupt *existieren.*

Das hat mit einer religiös-romantischen Vorstellung von Natur zu tun. Natur wird als heilige Harmonie begriffen, die man um keinen Preis »stören« darf. Adam und Eva lebten in einem Paradies, in dem »Wolf und Schaf beieinander lagen«. Natur als göttliche Harmonie, die aber nichts mit der Realität des Natürlichen zu tun hat. Die Natur ist nicht harmonisch, auch wenn sie uns in jedem Autokatalog und jeder Wurstwerbung so dargestellt wird. Sie ist auch nicht grausam – das sind nur Projektionen, in denen wir menschliche Maßstäbe auf »die Natur« übertragen.

Schuld ist eine Gefühlslage, in der wir nicht zu konstruktiven Handlungen neigen. Im Namen der Schuld bestreiten wir uns selbst und werfen das gerne anderen vor die Füße. Das führt zu der anhaltenden schlechten Laune, die in der Ökologiedebatte herrscht. Und zu der Negativität, mit der die ökologische Zukunft bis heute durchtränkt ist.

> *Die Menschen haben primär kein Problem*
> *mit der Umweltverschmutzung, sie haben*
> *ein Designproblem. Wenn die Menschen*
> *die Produkte, Werkzeuge, Möbel, Häuser,*
> *Fabriken und Städte von Anfang an*
> *intelligenter gestalten würden, müssten sie*
> *an Dinge wie Verschwendung, Verschmutzung*
> *oder Mangel nicht einmal denken.*
> *Gutes Design würde für Überfluss,*
> *ewige Wiederverwendung und*
> *Vergnügen sorgen.*
> Michael Braungart[38], Intelligente Verschwendung

Der Weltrettungswahn

Haben Sie sich einmal gefragt, woher eigentlich diese atemberaubenden Naturbilder im Breitwandformat stammen, die uns seit Jahren faszinieren? Setzen Sie sich auf die Couch und staunen Sie: *Unsere Erde, Deep Blue, Terra 1* und *2,* David Attenboroughs wunderbare Expeditionen ins Tierreich. Die Kamerafahrten über riesige Elefanten- und Walherden, die unfassbare Schönheit bis zum weiten Horizont. Wie kann man so etwas überhaupt filmen, wenn die Erde längst kaputt, geplündert, umgekippt, total versaut und verplastikmüllt ist? Ist diese Wunderwelt im Studio *gefakt* – wie die Mondlandung, die ja bekanntermaßen »nie stattgefunden« hat …?

Naturbilder der Schönheit rufen ein Gefühl hervor, dass für unsere Zukunft essenziell ist: Ehrfurcht. Ehrfurcht ist die Erfahrung von Verbundenheit und Wunder. Im medialen Diskurs werden diese Bilder aber meistens apokalyptisch gedreht. Während die schönsten Naturlandschaften vor uns ausgebreitet werden, wird die Musik düster, und der Kommentator raunt: »All das wird bald nicht mehr existieren!«

Eng damit verbunden ist die Idee des Weltrettens. Früher hat man die Welt vor den Ketzern oder dem Kommunismus gerettet, heute sind unsere Superhelden zur Rettung der Natur unterwegs. Das ist ehrenwert, aber es führt auch in eine problematische Spur. Weltrettertum lässt sich leicht durch Wahnvorstellungen kapern. Es erzeugt Deutungsansprüche mit riesigen Dimensionen. Es neigt zu pathetischem Heroismus, der am Ende in Erschöpfung und Überforderung mündet. Greta Thunberg hat das Weltretten eine Zeit lang aus dieser finsteren Ecke herausführen können. Aber sie wird es nicht durchhalten können.

Auch Despoten und Terroristen haben das Motiv der Weltrettung schon immer genutzt. Wer die Deutungsmacht über den Weltuntergang hat, der ist zu allem legitimiert.

Aber *muss* die Welt eigentlich gerettet werden? Die Idee, dass »die Natur« durch menschlichen Einfluss zum *umkippen* gebracht werden kann, kenne ich seit meiner Jugend, als der Club of Rome *Die Grenzen des Wachstums* veröffentlichte. Seitdem ist der Zeiger immer weiter auf die Zwölf vorgerückt, immerzu wird es *noch* knapper und der

Untergang noch bedrohlicher. Ich würde mich nicht wundern, wenn die warnenden Herren mit den düsteren Gesichtern irgendwann auf der anderen Seite der Zwölf wieder auftauchen würden. Die Welt ist untergegangen, und keiner hätte es gemerkt.

Der Verzichtsirrtum

Wenn man in die ökologische Zukunftsdebatte hineinhört, vernimmt man immer noch den alten Sound: Wir *dürfen* nicht so viel fliegen und Autofahren. Wir *müssen* Ressourcen sparen. Ein Einfamilienhaus ist problematisch. Mach das Licht aus! Stell das Wasser ab, wir verbrauchen zu viel!

Aber was heißt eigentlich »verbrauchen«? Nach den thermodynamischen Gesetzen basieren unsere Lebensgrundlagen auf zwei Elementen: Energie und Materie. Beides war in den lokalen Lebensweisen unserer Vorfahren immer knapp. Das Feuerholz reichte nicht über den Winter. Das erlegte Mammut war bald aufgegessen. Menschliches Leben war Millionen Jahre lang Überleben in Knappheit. Bis die industriell-fossile Lebensweise in weiten Teilen des Planeten das Knappheitsprinzip aufhob. In der Zukunft jedoch könnte sich alles ganz anders darstellen.

Energie: Auch ohne hoch konzentrierte Energien wie Atom- oder Fusionskraft sind die Energieressourcen eines in der Nähe eines gigantischen Fusionskraftwerkes namens »Sonne« befindlichen Planeten so gut wie unendlich. Die Energie, die jeden Tag auf die Erde trifft, entspricht millionenfach dem, was jede beliebige Zivilisation »verbrauchen« kann. Postfossile Energiestruktur ist grundlegend elektrisch. Elektronen sind grundsätzlich unendlich konvertierbar. Wie viel Platz braucht man, um die heutige Welt mit Strom zu versorgen? Ein rund 400 mal 400 Kilometer großes Viereck. Das würde man locker in der Sahara unterbringen können. Natürlich ist der Transport des Stroms von dort in den Rest der Welt ziemlich unsinnig. Aber warum machen wir es nicht auf den 99 Prozent Dachflächen, die bislang ohne Solarpanels auskommen?

Materie: In den Rechenmodellen des Club of Rome sind die Rohstoffgrenzen stets als fixe Größe eingepreist. Dabei war immer »die steigende Weltbevölkerung« gegen die »knapper werdenden Ressourcen« gegengerechnet. Heraus kam eine lineare Gleichung, die »demnächst« in den tödlichen Bereich kippt. Wenn alle Rohstoffe verbraucht sein werden, sind wir alle tot. Aber diese Rechnung ist nie aufgegangen – sie hat mit der dynamischen Wirklichkeit nichts zu tun. Prognostiker gehen inzwischen von einer nur noch moderaten Zunahme der Erdbevölkerung aus. Und nur sehr wenige Rohstoffe sind tatsächlich generell knapp geworden. Entweder koppelte sich der Rohstoffverbrauch vom Bruttosozialprodukt ab, oder es wurden neue Vorräte gefunden. Oder man fand andere (Ersatz-)Stoffe. Oder es lohnte sich plötzlich das Recycling. Dazu kommt eine Flut neuer technischer Molekularverfahren, mit denen man – zum Beispiel – für die Herstellung von Insulin nicht mehr Millionen Rinder und Schweine töten muss (aus deren Bauchspeicheldrüsen stammte früher das Insulin). Sondern Insulin künstlich *synthetisieren* kann.

Die Regnose der Ökologie

Betrachten wir also die Entwicklung von der Zukunft aus: Wir haben solare Energie im Überfluss: Die Menschheit würde üppig Energie aus Wellen, Wasser, Wind,

Biomasse, Geothermie und heute noch unerschlossenen natürlichen Energiequellen beziehen (wie wäre es mit der energetischen Differenz von Salz- und Süßwasser in Flussmündungen? Ja, damit kann man Energie erzeugen!). Mit deren Konversionen in Gase, Feststoffe und mechanische Energiespeicher wäre die Energieversorgung so üppig wie die Kalorienzahl, die uns die industrielle Landwirtschaft heute bietet.

Wir haben einen »Molekularbaukasten«, in dem immer mehr molekulare Variablen und Optionen entstehen. Immer mehr Moleküle ließen sich skaliert, also in beliebigen Mengen, »prozessieren«. Auf diese Weise würden wir unsere Prozessketten langsam von den natürlichen Vorkommen lösen.

Fällt Ihnen etwas auf? Der Übergang zur Fülle passiert heute schon längst. Die nächsten E-Autos werden bereits kein oder kaum noch Kobalt benötigen. Heute sind Batteriezellen in der Forschungs-Pipeline, die demnächst sogar ohne Lithium auskommen können. Lithium-Recycling ist bereits in der praktischen Massenerprobung. Fasern können heute nicht nur durch Baumwolle hergestellt werden, sondern auch durch Holzreste. Immer mehr Stoffe sind durch andere Stoffe substituierbar.

Die Jeans, die ich überwiegend trage, sind zirkuläre Jeans. Umweltschonend produziert bestehen sie aus mehr als 50 Prozent Alt-Jeans. Auch IKEA bietet inzwischen Sofas mit Alt-Jeans-Stoffbezügen an. Der Recycling-Anteil wird in den nächsten Jahren weiter steigen.

In der zirkulären Ökonomie der Zukunft gibt es keinen Müll, sondern nur *Feedings* in Energie- und Materialkreislaufsysteme. In solchen Systemen findet kaum Verbrauch, sondern immerzu Transformation statt. Eins wandelt sich ins andere, und so entsteht immer etwas Neues. Upcycling statt Downcycling. Synthese statt Spaltung. Re-Kombination statt Verbrauch. Nichts anderes ist die Wirkweise der Natur.

Wir können die Welt verändern, wenn wir sie neu sehen lernen. Aus der Sicht der Möglichkeiten. In Lösungen. In Erweiterungen. In Zugewinnen von Lebensqualität. In attraktiven Innovationen. In intelligenten, eleganten Systemen.

In kreativer Schönheit.

Die Natur ist ja genau das. Sie ist die ständige Produktion von Möglichkeiten. Sie ist Reichtum, nicht Knappheit. Verschwenderische Fülle, die durch »intelligente Lösungen« entsteht.

Das also ist *die blaue Ökologie*: ein Zusammenspiel von Technologie, intelligenten Systemen und erweiterten Möglichkeiten. Sie ersetzt den alten, regressiven Ökologiebegriff, der uns immer nur am Mangel scheitern lässt. Damit wird auch der Begriff des Wachstums ein ganz anderer. Das alte, industrielle Wachstumsmodell muss nicht durch ein restriktives Schrumpfungsmodell ersetzt werden. Jetzt könnte anderes wachsen: menschliche Lebensqualität. Naturvarianz. Kommunikationsgewinn. Was immer wir wollen.

Wir können immer reicher werden! Nur anders.

Die ruhenden Reisenden
Vermutungen über einen
anderen Tourismus

Reisen ist eine enorm wichtige Form der Begegnung mit der Wirklichkeit. Und immer schon gab es zwei Formen davon: Reisen als »industrielle« Form – als Freizeiterleben, als Konsum. Oder Reisen als Erweiterung des Horizonts, als Selbst- und Welterfahrung. Beides existiert ungefähr im Verhältnis 10 zu 1. Auf jeden wahrhaft Reisenden kommen zehn Touristen. Wird sich daran nach Corona etwas ändern?

Meine Generation – die Babyboomer – haben in ihrer Jugend Reisen vor allem als Selbstentdeckung und Welterfahrung betrieben. Wir waren auf dem Indien-Trail oder entdeckten die südeuropäischen Länder wie die Romantiker des 18. Jahrhunderts – als Sehnsuchtsorte des Authentischen. Wir fuhren mit klapprigen Kisten (ach, der 2CV!) nach Italien, Spanien, Frankreich, Portugal, um einen anderen Himmel und Menschen zu erleben, die noch fischen konnten oder Selbstgenügsamkeit besaßen. Eine innere Ruhe, die uns fehlte. Unsere Eltern fuhren eher nach Rimini, schön ordentlich unter den gerasterten Sonnenschirm.

Seitdem ist der Tourismus zu einer gigantischen weltweiten Ökonomie geworden, einer gewaltigen Maschine. Problematisch wurde das vor allem dann, wenn sich die industrielle Erholungslogik mit der Suche nach Authentizität vermischte. Wenn Hunderttausende von Massentouristen sich ihre authentischen Instagram-Fotos ganz persönlich-individuell erstellen wollten, dann begann der Wahnsinn. Wenn der urige Hüttengaudi zum massenhaften »Erlebnis« wurde. Kann dieses in sich selbst irr gewordene System jemals gebremst werden?

Wir feiern, bis der Arzt kommt

Ischgl. Feiern, bis der Arzt kommt. Bild: Lois Hechenblaikner

Schauen Sie sich diese Aufnahme des österreichischen Fotografen Lois Hechenblaikner an. Das Bild stammt aus dem Tiroler Ferienort Ischgl, aber *vor* der Corona-Infektion, die sich von dort aus auf ganz Europa ausbreitete. Man sieht eine Gruppe von lustigen Ärzten, die Party machen. Motto: *»Wir feiern, bis der Arzt kommt.«*

Wie empfinden Sie dieses Bild? Meine Vermutung: Vor Corona hätten sie es nur ein bisschen lustig gefunden. Nach (oder mit) Corona empfinden wir dieses Bild – auffällig auffällig. Irgendwie provokativ. Oder auch: degoutant. Ereignisse wie Corona verschieben Wahrnehmungskontexte. Bei den meisten Menschen. Nicht bei allen. Aber bei all jenen, die ein *Gefühl für die Welt* haben. Und das sind allen Unkenrufen zum Trotz viele.

**Tourismus formt, ja pflügt periphere Orte um –
sozial, mental, materiell.** Erzeugt Reichtum, der eine
schreckliche Eigendynamik annimmt. Ein Beispiel ist die
Tiroler Gemeinde Ischgl im Paznauntal. Dort wurden rund
100 Bauern- und Handwerkerfamilien durch den globalen
Tourismus über ein halbes Jahrhundert nicht nur wohlhabend, sondern reich. Sie entwickelten ihren Reichtum entlang der exzessiven Freizeitbedürfnisse der Städter, in einer
kargen Hochgebirgsregion, die sich vorher kaum zum Überleben eignete. Es kam zu Dynastiebildungen in der Hotellerie
und Gastronomie. Der Reichtum der Eltern und Großeltern
war das Investitionskapital für *noch* mehr Bars, *noch* lukrati-
vere Restaurants, *noch* steilere Bergbahnen. Immerzu ging es
bergauf, auf die höchsten Gletscher, wo 1996 sogar ein Kon-
zert mit Tina Turner stattfand.

Als Corona ausbrach, begann man gerade mit dem Bau
der »Blauen Lagune«. Einer künstlichen Südsee-Landschaft
auf 2000 Meter Höhe. In der es Pinguine geben sollte.

Wo soll das alles hinführen? Das fragte man sich, bevor
Corona kam.

Das Beispiel Venedig

**»Belissima«, die schöne Stadt Venedig, hat ihren
Wohlstand, ihren Reichtum über mehr als ein gan-
zes Jahrtausend entwickelt.** Über Tragödien, Erfindun-
gen, Krisen hinweg hat sie immer mehr Schönheit ausgebil-
det. Was ihr zum Verhängnis wurde.

Venedig hatte vor Corona eine doppelte Krise auszuhal-
ten. Erstens durch den Über-Tourismus, vor allem durch den
massenhaften Ansturm von Tagesgästen von riesigen Kreuz-
fahrtschiffen: chinesische Hochzeitspaare samt Anhang, Rei-
segruppen aus Südkorea, Amerikaner mit Stetson und star-

kem Texas-Akzent. Gleichzeitig wurde die Stadt im Wasser durch die globale Erderwärmung bedroht. 2019, ein halbes Jahr vor Corona, kam es zu Rekordzahlen beim Tourismus – 30 Millionen Besucher in einem Jahr! In dieser Lage schien Corona wie ein Zeichen vom Himmel.

Wer zwischen April 2020 und Herbst 2020 auf dem Markusplatz saß, erlebte eine völlig gewandelte Stadt. Eine leere Stadt, wie eingefroren in einer Zeitblase, in der sich die Möwen statt der Tauben vermehrten und die Menschen wieder miteinander ins Gespräch kamen. Die Flugzeuglinien am Himmel waren seltene kleine weiße Zeichnungen geworden, exotische Codes einer vergangenen Zeit, und kein dickes Kreuzfahrtschiff überragte den Markusplatz. Und nun geschah etwas Seltsames. Die Bewohner setzten sich wieder in Beziehung zueinander.[39]

Etwa 50.000 Menschen leben noch dauerhaft in Venedig. Viele verlassen über Monate die Stadt, wenn der Tourismus seinem Höhepunkt zutreibt, sie vermieten ihre Wohnung und ziehen zu Verwandten auf dem Festland. Verwaltungstechnisch gehören sie zu der Gemeinde Mestre, einer Stadt mit 200.000 Einwohnern auf dem Festland. Abstimmungen, um den Tourismus einzudämmen, konnten sie niemals gewinnen – die Einnahmen waren einfach zu lukrativ.

Corona öffnete plötzlich einen Spalt für den Willen der Bewohner, *Bewohner* zu bleiben. Und für die Stadt, sich selbst wieder *wahr-* und *ernstzunehmen*. Bürgerinitiativen hatte es zur touristischen und ökologischen Krise Venedigs schon vorher gegeben. Aber nun erstarkten diese Initiativen. In der leeren Stadt gab es im Sommer 2020 große Demonstrationen. Im Februar 2021 beschloss die italienische Regierung, Groß-Kreuzfahrtschiffe nicht mehr am Markusplatz anlegen zu lassen. Seitdem geht es hin und her. Natürlich ist ein Teil der Bewohner für die Rückkehr zum *Alten Normal*. Aber das

Wesen einer Krise ist eben, dass sie das scheinbar Normale zum Unnormalen macht.

Der italienische Architekt und Ingenieur Carlo Ratti hat für die Zukunft des Tourismus in Venedig ein interessantes Konzept vorgeschlagen: Viaggiatori passati – *die ruhenden Reisenden*. Es ist ein Angebot an diejenigen, die die Stadt lieben, aber sie gleichzeitig »in Ruhe lassen« wollen. Man kann mehrere Wochen zu einem günstigen Preis in Venedig leben und dabei mit den Bewohnern selbst in Berührung kommen.

Amsterdam und Barcelona haben bereits vor der Pandemie Regulierungen beschlossen; Prag, Budapest und Wien haben dies während der Krise getan; Venedig und Florenz sind dabei, Beschränkungen umzusetzen. Zum ersten Mal wehren sich die Städte gegen ihre touristische Überschwemmung.

Die Venedig-Biennale 2021 fand in Form einer *Regnose* statt, das ist womöglich kein Zufall. Ein Architektur-Festival, das aus der Zukunft auf uns zukommt.

Wir befinden uns im Jahr 2038. Ein gutes Jahrzehnt nach dem »Großen Zusammenbruch«, der sich irgendwann Ende der 2020er-Jahre ereignete.

> Heute, im Jahr 2038, haben wir die großen Krisen gemeistert. Es war knapp, aber wir haben es geschafft. Die globalen ökonomischen und ökologischen Katastrophen der 2020er-Jahre brachten Menschen, Staaten, Institutionen und Unternehmen zusammen. Gemeinsam verpflichteten sie sich auf Grundrechte und schufen selbsttragende Systeme auf universeller Basis, die dezentralen lokalen Strukturen den Raum geben, individuelle Lebensweisen zu erhalten.[40]

Können wir uns als gereifte Zivilisation wieder abregen?

Die Rück-Zeitreise beginnt mit dem Film *The New Serenity*. Billie und Vincent, zwei Jugendliche des Jahres 2038, reisen mit ihren KI-Begleitern zurück in das menschenleere Venedig der Pandemie. Das Datum: 9. April 2021, mitten im dritten Lockdown. Sie *wundern* sich. Sie staunen über das, was damals üblich war. Dass die Menschen klobige Smartphones benutzten statt schwirrender KI-Emanationen. Dass viele Menschen so unruhig und verzweifelt waren. Das Denken so negativ und unkonstruktiv.

Venedig ist ein Symbol für alles, was wir in der Corona-Zeit so deutlich spüren konnten. Wie nahe wir sozusagen am Wasser gebaut sind. An der Schnittstelle zwischen Himmel und Erde. Wie verletzlich wir sind. Wie tief die Vergangenheit in uns hineinwirkt. Aber auch: Wie sehr wir *verbunden* sind mit Wellen, Wasser und Wind. Venedig war eine kriegführende Sklavenrepublik. Eine Schmiede der Demokratie. Ein Hochort der Kunst. Ein Zentrum dekadenter Feste. Eine Erfindungsschmiede navaler Techniken. Der

Schauplatz von Mord und Brudermord. Und immer entstand mehr Schönheit.

Wird sich etwas ändern, in der schönen Stadt Venedig, dem Erbe der Menschheit? Die Zyniker sagen: Niemals! Die Hoffenden sagen: Hoffentlich! Die Zuversichtlichen sagen: Aber ja doch. Wenn ich wieder dorthin reise, werde ich *anders* sein.

Die Neo-Religion
Entwicklungen der säkularen Spiritualität

Warum hat die Religion in der Corona-Krise eine so unwesentliche Rolle gespielt? Sicher: Die christlichen Konfessionen haben sich wacker gegen die Not gestemmt. Haben Petitionen verfasst und schüchterne Präsenz-Gottesdienste veranstaltet. Aber trotzdem blieben sie in dieser Pandemie seltsam stumm, an den Rand gedrängt, sprachlos.

Institutionalisierte Religion durchlebt seit einigen Jahren schwerste Prüfungen. Die Missbrauchsskandale als moralischer Legitimationsverlust, die Unmöglichkeit von Reformen, eine beginnende Revolte bei den Katholiken weisen auf eine religiöse Zeitenwende hin. Auch die fanatisierende Rolle der Evangelikalen im Kontext des Trump-Populismus haben die frohe Botschaft schwer beschädigt. Auch die islamische Glaubenswelt ist verunsichert in ihren unendlichen Spaltungen. Das ist die eine Seite, die institutionelle. Die andere stammt aus den anthropologischen und evolutionären Bedeutungen von Religion.

Menschen sind auf Dauer unfähig, ohne Religion zu leben. Jedenfalls wenn wir *Religio* meinen: Die überschreitende Dimension des Lebens über das reine Erleben hinaus. Atheismus ist möglich. Aber auf Dauer wirkt er erschöpfend. Wir verlieren den Halt, wenn wir uns nicht zum Höheren beziehen.

Was wäre die Alternative? Auch das hat Corona ausgeleuchtet: Die »hedonistische Tretmühle«, die Ideologie des Genusses als Lebenssinn, rattert wie nie, aber sie führt in eine seelenlose Sackgasse.

Radikalisierte Esoterik

Glauben Sie an Runen, Druidensteine oder Schlangengötter? Wahrscheinlich nicht. Womöglich glauben Sie an Kraftfelder und Kraftorte. An Erdstrahlung. An die Kräfte des Mondes. Die Deutungen der Sterne. Mit einer relativ hohen Wahrscheinlichkeit an Wiedergeburt, Astrologie und Homöopathie. All dies sind nämlich Alltagsreligionen mit erheblichem Verbreitungsgrad.

Corona hat, wie alle Großkrisen, ein Sinn-Vakuum erzeugt. Dort hinein strömen zunächst altbewährte magische Lösungsangebote. Auch die Wiederkehr der UFOs als Angst-Hoffnung, dass irgendetwas vom Himmel fährt, erlebt ja derzeit eine Wiederkehr.

Aus der alltäglichen »Glauberei« haben sich in der Corona-Zeit einige neue Glaubensformen herausgemendelt, die man als *radikalisierte Esoterik* bezeichnen kann. Das Meiste waren dunkle Kulte mit Endzeit-Hautgout oder Machtparanoia: Die Überzeugung etwa, dass Bill Gates uns »chippen« will. Oder dass in den Impfpräparaten Infertilitätsdrogen enthalten sind, die irgendeinen Teil der Bevölkerung ausrotten soll. Manche waren auch ganz harmlos und bekifft: etwa dass man mit Cannabis Corona verhindern kann.

Säkulare Religion

Ich werde immer wieder nach der »Zukunft des Christentums« gefragt. Darauf lässt sich pragmatisch oder komplex antworten. Pragmatisch kann man formulieren, dass die große Zeit des Christus-Mems, der Gottes-Opferkult, in unserem Kulturkreis vorbei ist. Weil es durch andere Narrative abgelöst worden ist, wie Hedonismus,

Digitalismus oder Selbstverbesserungsglaube. Klüger zu antworten hieße jedoch, der Frage nachzuspüren, wohin die Formen und Bezüge des Religiösen *evolutionieren* könnten.

Der Dalai Lama wurde vor Kurzem gefragt, ob er als Führer einer wichtigen Weltreligion nicht bedaure, dass es auf der Welt so wenig Spiritualität und so viel Säkularismus gäbe. Er lächelte und sagte, er wäre sehr froh, dass es in der modernen Welt »so viel säkulare Spiritualität« gäbe. Ein andermal antwortete er auf die Frage, ob er nicht den schrecklichen Konsumismus und Materialismus der modernen Welt verurteile. »Es ist doch schön, wenn es so viele Dinge gibt, die man gar nicht braucht!« Dalai-Lamaismus ist eigentlich genau das, was eine moderne säkulare Spiritualität auszeichnet. Ein bisschen Reinkarnations-Mystik, aber in vertretbaren Dosen. Die Emanzipation des Religiösen von Gott als Kontroll- und Formungsinstanz. Buddhisten glauben nicht an Gott (in unserem abendländischen Sinne), sondern an eine Verbindungshaftigkeit der Welt, die »göttlich« ist, im Sinne der Aufhebung von Widersprüchen auf einer höheren Ebene des Geistigen. Dazu aber auch Humor. Pragmatismus. Charakter. Und eine hohe Portion von Abgebrühtheit.

Der *globale Neo-Spiritualismus*, der sich derzeit abzeichnet, wird sich aus mehreren Quellen speisen. Einerseits aus fernöstlichen Glaubensformen, die seit Jahrzehnten in die westliche Welt diffundieren. Yoga, Meditation, Zen – in diesen Disziplinen geht es im Kern immer um eine Individual- und Entwicklungspsychologie, die das *Ich* in Beziehung setzen und das *Ego* relativieren kann. Die den Geist ruhig stellen und aus dem Schlachtfeld der Paradoxien herausziehen sollen. Das ist gut so. Aber es reicht nicht aus. Was wir für eine zukunftsorientierte Lebens- und Seinsweise brauchen, ist auch eine Art, mit dem Leiden direkt, in Würde und Lebendigkeit, umzugehen.

Der neue Stoizismus

Krisen bedeuten die Notwendigkeit, mit unauflösbarer Tragik umzugehen. Krisen wie Corona sind deshalb Übungsfelder für die einzige Philosophie, die uns in Tiefenkrisen weiterhelfen kann: Stoizismus. Das sagt der amerikanische Philosoph William B. Irvine. Er unterscheidet zwischen dem materiellen und dem geistigen Fortschritt. Während der materielle Fortschritt im letzten Halbjahrhundert ungeheure Zuwächse generierte – vor allem in »unserem« Teil der Welt, aber nicht nur dort – leidet die Welt daran, dass mentale Fortschritte auf kleine Minderheiten beschränkt blieben. Irgendwann jedoch schlägt das Pendel zwischen innerer (kultureller, mentaler) Entwicklung und äußerer (materieller und technischer) wieder in die Gegenrichtung aus. Die nächste Zukunft, so Irvine, gehört dem »Personal Progress«. Der Weg dorthin führt nach Irvine über den Stoizismus.

Es geht beim Stoizismus gar nicht darum, »stoisch« zu sein im Sinne von Unberührtheit und dem großen Egal. Ähnlich wie im Buddhismus geht es um das Betrachten und Moderieren der Gefühle. Aber anders als im Buddhismus geht es auch ganz wesentlich um Logik, Rationalität und Verstand.

Die Grundidee des antiken Stoizismus besteht darin, dass wir immer nur an unseren Wünschen, Ansprüchen und Anmaßungen scheitern. Nicht an der Wirklichkeit, die immer anders und größer ist, als unser *Mind* sie erfasst. Wir messen der Welt etwas zu, auf dem wir beharren. Das ist die Krankheit der Moderne, und sie macht genuin unglücklich, weil wir immer enttäuscht werden. Alle Visionen, Utopien, Hoffnungen, die wir in der Idee der Weltbeherrschung verbinden, sind irgendwann dahin. So entsteht das Unglück, das sich in Bitterkeit, Wut, Aggression und Selbstzerstörung äußert: Die Welt will nicht, wie ich will!

Wir schwanken als »Konzeptwesen« zwischen zynischem Pessimismus, Aufbruchs-Aktivismus und naivem Optimismus hin und her. Diese Stimmungsschwankungen tragen uns irgendwann aus der Bahn des Lebens. Stoizismus bietet dagegen etwas an, was man »enttäuschungskluge Zuversicht« nennt. Eine Haltung, die mit Krisen aktiv umgeht, aus ihnen lernt und an ihnen wächst. Die Unwirksamkeit ertragen kann – und gerade daraus seine inneren Wirkungen bezieht.

In den USA sind in der Corona-Zeit Hunderte von Büchern über Stoizismus erschienen. Inzwischen gibt es Stoizismus-Gurus und Stoizismus-Retreats für Führungskräfte; das Ganze ist auf dem besten Weg, zu einer »Bewegung« zu werden. Ähnlich wie der Buddhismus ist Stoizismus nicht nur eine Philosophie, sondern eine praktische Lebenskunst. Ihr Zentrum ist die Seelenruhe. Oder: Cool bleiben. Also das, was in der Erregungs- und Aufmerksamkeitsgesellschaft am meisten fehlt.

Im Kern geht es darum, der Welt in einer sinnhaften Weise zu begegnen, indem man sie in drei Kategorien aufteilt:
1. Das, was ich nicht ändern kann.
2. Das, was ich kontrollieren und ändern kann.
3. Das, was ich beeinflussen kann, aber nur teilweise.

Von da aus taste ich mich weiter vor in die Komplexität der Welt. Ich vermeide vor allem den zentralen Grund für das Unglück: Diese Kategorien ständig durcheinanderzuwerfen. Wir wollen *alles* kontrollieren und überheben uns ständig. Wir fühlen uns entweder für *alles* zuständig (woran wir scheitern müssen). Oder sind für *gar nichts* verantwortlich (was eine zynische, egoistische Haltung erzeugt). Wir wollen dauernd Dinge ändern, die wir nicht ändern können, während wir das, was veränderbar wäre (zum Beispiel uns selbst), vernachlässigen.

Meditatione malorum

Eine klassische stoizistische Übung ist es, am Morgen an das Schlechteste zu denken – um sich für den Rest des Tages davon zu befreien. In der *Premeditatio Malorum*, die man praktizieren sollte wie tägliche Gymnastik, drehen wir den Spieß des Optimismus-Pessimismus-Dilemmas um. Wir stellen uns das Schlimmste deutlich vor. Wir sterben an Krebs. Unser Partner verlässt uns. Wir bekommen Alzheimer. Unser Hund stirbt. Oder umgekehrt: Der Hund bekommt Alzheimer. Der Weltkrieg bricht aus. Die Erde erhitzt sich wie ein Grillhähnchen …

Versuchen Sie es einmal. Es ist ja gar nicht so schwer – wir tun es ohnehin oft. Aber wenn man es bewusst tut, merkt man: Es macht keinen Sinn. Es ist Blöd-Sinn.

Einer der bekanntesten Begründer des Stoizismus ist der Philosophenkaiser Mark Aurel, der im 2. Jahrhundert in einer tiefen Krise des römischen Reiches regierte. Mark Aurel entwickelte die stoische Auffassung von der Bejahung des Werdens und Vergehens. Der Tod *trennt* uns nicht von der Welt, macht uns nicht einsam und verloren, vielmehr *verbindet* er uns mit den Mitmenschen. Und den längeren Zeitzyklen jenseits unserer selbst. Es gibt keine unsterbliche Seele, aber eine Wirkung, die weit in die Zukunft reicht. Erstaunlicherweise kann das die Gegenwartspanik aufheben, die alles sofort im Hier und Jetzt »lösen« muss. Es mildert die Todesangst.

Aus der *Meditatio Malorum* bewegen wir uns dann zurück in die Bejahung der Segnungen und Wirklichkeiten, die wir haben. Wir sind noch nicht tot – ist das nicht erstaunlich?

Wir leben womöglich eine erfolgreiche Beziehung. Es herrscht mehr oder minder Frieden. Der Hund liegt friedlich auf dem Sofa. Die Erde wird sich erwärmen, aber sie wird nicht untergehen.

Diese Umdrehung der Angst in Staunen ist eine Art alltäglicher Wiederauferstehung. So entsteht die Kostbarkeit des Lebens. Wenn man fleißig übt, kann man sogar Krisen gelassen entgegensehen. Weil man weiß, dass sie letztlich den Normalzustand der Welt abbilden. Den ewigen Wandel begleiten und formen.

So üben wir.

Das Lösen von den ständigen Wertungen und Verlustklagen. Das Überwinden der Meinerei und Besserwisserei. Das Entwickeln von Weisheit und Langmut. Das Umarmen von Komplexität. Das Verbinden mit einer besseren Zukunft.

Humanistischer Futurismus

Ein neuer Glauben – der aber keine neue Kirche oder rituell abgegrenzte Religion bildet – könnte sich aus mehreren Quellen speisen, die sich gegenseitig ergänzen.

Da sind zunächst die Quellen der fernöstlichen Spiritualität, in der die Einheit aller Dinge im Vordergrund steht, der innere Frieden und die Güte zu anderen Wesen. Viele Elemente davon gibt es auch im Christentum, aber man muss sie aus ihren machtideologischen und verkrampften Dimensionen befreien. Fernöstliche Praxis hilft uns dabei, auf eine wache Art und Weise mit uns selbst und der Welt umzugehen.

Da ist das geistige Erbe der Antike, das in allen Philosophien der Welt eine Rolle spielt. Die antiken Denker machten sich vor allem Gedanken über »das Menschliche« in seinen tragischen, komischen und göttlichen Elementen und legten dabei den Grundstein für den Humanismus. Der Stoizismus ist dabei nur eine von vielen Denkmöglichkeiten, die das menschliche Drama, die menschliche Komödie beleuchten.

Da sind schließlich die Naturwissenschaften mit ihrem fantastischen Sinn-Angebot der Quantenphysik, die uns lehrt, dass das Getrennte dennoch verbunden sein kann. Über die Physik, die uns die Wunder von Sternenstaub und schwarzen Löchern erklärt. Die Systemwissenschaften mit ihren magischen Erkenntnissen von Entropie und Emergenz. Die Ökologie als KöniginInnenwissenschaft der kommenden Zeit. Bis zu den modernen Disziplinen der Evolutions-, Kognitions- und Neuropsychologie, die unsere humane Innenwelt erforschen – dieses rätselhafte Universum, das selbst ein Universum erzeugen kann. Das Universum des Bewusstseins.

Aus diesen Elementen des Erkennens und Verbindens setzt sich eine Strömung zusammen, die ich provisorisch den »Humanistischen Futurismus« nennen möchte. Futurismus ist hier nicht als eine bestimmte Vorstellung von Zukunft gemeint. Sondern als Ertasten und Erkennen des Zukünftigen in der Gegenwart. Als Leben und *Sein* zur Zukunft hin.

Nein, wir werden uns nicht in Roboter, Cyborgs oder Übermenschen verwandeln. Wir werden auch nicht »die Welt zerstören«. Wir werden Schritt für Schritt, durch alle Krisen hindurch, das Wahre und Bessere erkennen lernen.

An diesem Weg können wir glauben. Wir stehen in Verbindung mit dem Zukünftigen, wir sind Botschafter der Zukunft in der Gegenwart. Wir sind tief verbunden mit denen, die vor uns waren und nach uns kommen. Und so sind wir nicht allein, vereinsamt in einer rasenden und bedrängenden Gegenwart. Sondern aufgehoben in der Zeit. Tief geborgen im ewigen, unvermeidbaren Wandel der Welt.

Nachwort
Zurück in die Zukunft

Seit mein Text »Welt nach Corona« im März 2020 durchs Internet rauschte, werde ich immer gefragt, wie ich mich nur so *irren* konnte.

Sehr geehrter Herr Horx,

wie zu erwarten war, sind Ihre Voraussagen, dass die Krise irgendetwas Gutes bewirkt, nicht eingetreten. Menschen ändern sich eben nicht, sie suchen immer nur den Weg des geringsten Widerstandes und lernen aus Krisen niemals dazu.

Ob die angesagten feinen menschlichen, gesellschaftlichen und wirtschaftlichen Post-Corona-Effekte eintreten, wage ich sehr zu bezweifeln, die Botschaft hör ich wohl, allein mir fehlt der Glaube. Und mich beschlich beim Lesen der Eindruck, dass der Wunsch der Vater mancher Gedanken war.

Ich nehme demütig diese Kritik entgegen. Aber ich möchte sie auch höflich zurückgeben:

Was ist denn *Ihre* Zukunft?

Haben Sie keine Wünsche? Keine Hoffnungen?

Und was lernen Sie – außer, dass es nichts zu lernen gibt?

Das Hirn versucht, den fundamentalen Wandel, der mit Krisen immer verbunden ist, zunächst mit einer Verhärtung zu bewältigen. Es beharrt umso mehr auf dem *Alten Normal* (den alten Resignationen, dem alten

Zorn), je mehr dieses infrage steht. Diese innere Spannung produziert die Wut, die wir in der Corona-Zeit überall aufblühen sahen – ein untrügliches Zeichen für die Wirkungen des Wandels. Wut ist eine Art Reibung des *Mind* an sich selbst – an seinem Unvermögen, die Welt mit zukünftigen Augen zu sehen.

Wir versuchen also, das Neue, das sich entwickeln *könnte*, mit den Mitteln des alten Denkens und Erwartens auszustechen. Um uns selbst in unseren Erwartungen zu bestätigen. In unseren negativen Erwartungen. Dabei sind wir zunächst sehr erfolgreich.

Wir fallen in den großen Welt-Zynismus. Und fühlen uns dort recht wohl.

Vielleicht lag mein Versagen auch an einem Missverständnis, das ich nicht ausräumen konnte. Mein Text war keine Prognose, sondern eine *Re*-Gnose.

Eine Regnose ist die Ermutigung zu einer Zeitreise, in der man lernt, die Welt *anders* zu sehen als aus der Perspektive der Angst und der daraus destillierten Wut. In ihr nehmen wir die Position in einer Zukunft an, die aus *Lösungen* entstanden ist.

Zum ersten Mal habe ich in meinen Texten einen Schritt von einer prognostischen zu einer *prophetischen* Diktion gewagt. Der Prophet unterscheidet sich vom Prognostiker, indem er nicht nur eine ferne, »objektive« Wirklichkeit beschreibt – was immer nur begrenzt möglich ist. Er will die Wahrnehmung im *Jetzt* beeinflussen. Prophetentum ist gefährlich. Propheten können tatsächlich die Wirklichkeit verändern, indem sie Wahrnehmungen manipulieren. Sie führen ihre Anhänger dann einen Berg hinauf. Oder in den Abgrund (meistens beides nacheinander).

Meine Intention war allerdings nicht die Manipulation.

Sondern eine Möglichkeitsfrage: Könnte es sein, dass wir uns *wundern* könnten?

Wundern heißt ja, dass wir die Welt plötzlich mit neuen Augen sehen. Und uns durch veränderte Wahrnehmung selbst verwandeln.

In vielerlei Hinsicht hat die Corona-Epidemie diesen Effekt tatsächlich ausgelöst. Sie hat uns Erhellendes gebracht – aber nur dann, wenn wir uns erhellen lassen wollten. Sie hat uns die Notwendigkeit und Möglichkeit des Wandels gezeigt – wenn wir uns etwas zeigen lassen wollten. Sie hat uns auch vor Augen geführt, dass die Welt nicht gleich zusammenbricht, wenn sie uns herausfordert. Auch wenn wir das in unseren finsteren Ängsten immer glauben.

Vielleicht hat uns das am meisten verblüfft.

Die Grenzen der Hoffnung

Als vor ziemlich langer Zeit Barack Obama zum Präsidenten der Vereinigten Staaten gewählt wurde, hatten die meisten von uns warme Gefühle im Herzen. Gefühle der Hoffnung und Gesundung. Eine Welt, in der ein schwarzer Humanist mit einer tollen Ehefrau, die mindestens so stark war wie er selbst, zum Präsidenten der mächtigsten Nation der Welt gewählt wurde, konnte keine so schlechte Welt sein.

HOPE lautete das simple Wort auf den ikonografischen Plakaten für Obama.

HOPE – was für ein wunderbares Wort!

HOPE – wer Hoffnung hat, dem kann nichts passieren. Oder?

Obama selbst stellte einmal auf einer Intellektuellendiskussion in seiner wahrhaft klugen Art eine entscheidende Frage:

»What if we were wrong?«

Es folgten die Trump-Jahre. Aber wie konnte es so weit kommen? Hatten wir zu wenig Hoffnung? Oder eher zu viel? Kann man womöglich die Zukunft durch zu viel Hoffnung verspielen?

Hoffnung ist etwas Schönes. Ohne Hoffnung können wir nicht leben. Aber Hoffnung hat auch etwas Passives, Unterwürfiges. Man wartet, bis eine Kraft von außen kommt und *endlich Erlösung* bringt.

Diesen unsicheren Raum der Hoffnung können dunkle Mächte besetzen.

Passive Hoffnung lässt uns manchmal an etwas festklammern, was in unserem *Mind* übermächtig geworden ist. Anstatt neu zu beginnen, verketten wir uns ungünstig mit dem Alten.

»Lasst alle Hoffnung fahren«, formulierte Dante Alighieri in seiner Darstellung des menschlichen Leidens und der Erhöhung, der *Göttlichen Komödie*. Was dieses gewaltige Opus von den religiösen Werken des Frühmittelalters unterschied, war ja, dass der Mensch darin Optionen hatte. Er bewegte sich durch Purgatorien und Erhebungen nicht nur als Opfer des Schicksals, sondern als *Wandelnder*. Als *Staunender*.

Manchmal ist es besser, Hoffnungen loszulassen. Und sich auf das Leben und die Wirklichkeit einfach einzulassen. Unschuldig. Staunend wie ein kleines Kind, das die Welt neu erfasst.

Sich selbst verantworten können

In meiner Jugend in den 70er- und 80er-Jahren gab es unter denjenigen, die eine andere Welt wollten, eine tiefgreifende Frage, eine Big Question:

*Soll man sich zuerst SELBST verändern? Oder erst die Ge-
sellschaft revolutionieren?*

Man kann sich heute kaum noch vorstellen, wie leiden-
schaftlich und hart damals diese Debatte geführt wurde.

Revolution oder Meditation?

Bewusstseinserweiterung oder politischer Kampf?

Psychologie oder Ökonomie?

Huhn oder Ei?

Ein nicht geringer Teil meiner Freunde begab sich auf die
spirituelle Reise. Nahm Drogen, versuchte, sich selbst umzu-
krempeln, mit allerlei Räucherstäbchen und Magie und Reisen nach Indien oder ins Land der Ayahuasca-Träume. In den
Transformationscamps von Gurus wie Bhagwan wurde eine
Art erotisch-spirituelle Gehirnwäsche versucht – den ganzen
seelischen Müll rauslassen, endlich rein werden, sauber von
falschen Gedanken und Gefühlen! Das ging meistens irgendwie schief, weil das Hygienische nicht zum Leben passt. Aber
noch schiefer gingen die diversen Versuche, »die Gesellschaft
radikal zu verändern«.

Mittlerweile bin ich zu der Überzeugung gelangt, dass
beides nur *in Bezug zueinander* möglich ist. Man kann sich
selbst nur *in* der Beziehung zu anderen Menschen verändern. Und man kann »die Gesellschaft« nur durch *Selbst-
wandel* verändern. Indem man selbst zur Zukunft wird.
Dass wir diese Verschränkung immer noch als *alternativ* betrachten – Entweder-oder – ist die große Verwirrung unserer
Tage.

Ein Schlüsselwort für diese Verbindung ist das Wort
»Emanzipation«. Ein heute altmodisches, aber wichtiges
Wort. Ich finde, es hat eine Renaissance verdient. Weil es Ge-
sellschaftsveränderung nicht als Bedingung unserer Selbst-
veränderung akzeptiert. Sondern etwas mit dem *inneren
Wachstum* zu tun hat. Wer sich emanzipiert, wächst *in sich*

selbst hinein – er formt sich selbst und verändert *dabei* die Gesellschaft.

Gesellschaftliche Zukunft entsteht, wenn wir uns selbst verantworten können. Anstatt »den Verhältnissen« oder »den Herrschenden« hinterherzujammern.

Die Schleife des Werdens

Aber werden die Trends, die Sie hier schildern, denn wirklich eintreten?

Es ist die falsche Frage, weil sie uns selbst als Akteure auf dem Feld der Zukunft ausklammert. Die Zukunft tritt nicht ein. Sie tritt auch die Tür nicht ein, auch wenn es bei Katastrophen wie Corona manchmal so scheint. Die Zukunft wird uns nicht frei Haus geliefert, von Lieferando oder einem anderen Bringservice. Sie kommt nicht »auf uns zu«. Sie bringt uns nichts »mit«, wie der Weihnachtsmann mit Rute und Gaben.

Corona hat viel in Gang gesetzt. Die Welt ist in Bewegung geraten, und diese Bewegung kann zu etwas Neuem führen. Wir können diese Bewegung *wahr*nehmen. Und sie durch unser Sein und Handeln verstärken.

In die eine oder andere Richtung.

Was ich in diesem Buch versucht habe, ist, die konstruktiven Möglichkeiten zu schildern, die aus Corona folgen. Die Beschleunigungen und Verdichtungen komplexer Trends. Für die Realisierung dieser Möglichkeiten brauchen wir neben Hoffnung und Zuversicht auch Glauben. Ich meine damit nicht den religiösen Glauben. Sondern ein Bezugssystem, das auf etwas verweist, was größer ist als wir selbst. Eine Dimension, die uns mit der Zukunft als Möglichkeitsraum verbindet.

Wir können hoffen, dass es uns gelingt, uns von der erlernten Negativität, der Selbstverachtung und Weltverdammung zu verabschieden. Wir können zuversichtlich sein, dass es genügend Menschen gibt, die die Energie des konstruktiven Wandels in sich tragen und sich nicht entmutigen und verängstigen lassen. Wir können voraussehen, dass der lange, blutige, aus Leid und Hoffnung bestehende Weg der Menschheit einem evolutionären Sinn folgt, dem wir beim *Gehen* entwickeln.

Zukunft ist eine innere Entscheidung.

Für ein *Genug* statt ein Zuviel.

Für das Umarmen der Angst.

Für Achtsamkeit statt Hass.

Für Zuversicht statt Zynismus.

Widmung

Dieses Buch widme ich allen, die in der Krise zu innerem Wachstum und Kreativität (zurück)fanden. Ganz besonders meiner Familie, die in stürmischen Zeiten zeigte, was sie draufhat.

Tristan geht nun seine eigenen starken Wege im Universum der Zukunftsforschung. Sohn Julian, Jahrgang '97, schloss 2021 seinen Master of Graphic Design Communication an der St. Martin's School of Arts in London ab. Er hat die »Beings« erfunden: blaue, formbare Wesen, die den Wandel der Welt repräsentieren. In seinem Alter war ich selbst einmal Comic-Zeichner, aber er ist viel besser als ich.

Abbildungen

S. 17: Julian Horx

S. 35: Roger Lemoyne / GettyImages

S. 46: Stiftelsen Gapminder, www.gapminder.org

S. 47: picture alliance / JORGEN HILDBERANDT / Jorgen Hildberandt / TT

S. 48: Matthias Horx

S. 55: AF Fotografie / Alamy Stock Photo

S. 63: Matthias Horx

S. 70: Jonathan Sprague / Redux / laif

S. 73: Matthias Horx

S. 80: Matthias Horx

S. 83: Dimitry Otis / GettyImages

S. 92: British American Tobacco Germany *(Historisches Bildmaterial. Bitte beachten, dass die Warnhinweise nicht mehr den heutigen gesetzlichen Anforderungen entsprechen.)*

S. 105: Benjamin Marcus / Alamy Stock Photo

S. 119 Dimitri Hou / Unsplash

S. 128: Lois Hechenblaikner, aus seinem Bildband *Ischgl*, erschienen im Steidl Verlag, Göttingen 2020

S. 132: © 2038 (Collage basiert auf: Gabriel von Max, *Abelard und Héloise*, nach 1900)

Vor- und Nachsatz: Julian Horx

Literatur

Hier eine Auswahl der Werke rund um die Corona-Krise, die mich beim Schreiben dieses Buches inspiriert haben – aus allen möglichen Genres und Disziplinen:

Auerbach, Annie, *Flex: Reinventing Work for a Smarter, Happier Life*, Harper Collins, New York 2021

Bergdolt, Klaus, *Der Schwarze Tod in Europa. Die Große Pest und das Ende des Mittelalters*, C. H. Beck, München 2021

Chenoweth, Erica; Stephan, Maria, *Why Civil Resistance Works. The Strategic Logic of Nonviolent Conflict*, Columbia University Press, New York 2012

Christakis, Nicholas A., *Apollo's Arrow. The Profound and Enduring Impact of Coronavirus on the Way We Live*, Little, Brown and Company, Boston 2020

Diamandis, Peter H.; Kotler, Steven, *Überfluss. Die Zukunft ist besser, als Sie denken*, Plassen, Kulmbach 2012

Dunbar, Robin, *Friends. Understanding the Power of our Most Important Relationships*, Little, Brown and Company, Bosten 2021

Easterbrook, Gregg, *The Progress Paradox. How Life Gets Better While People Feel Worse*, Random House, New York 2003

Esposito, Elena, *Die Fiktion der wahrscheinlichen Realität*, Suhrkamp, Frankfurt 2007

Fangerau, Heiner; Labisch, Alfons, *Pest und Corona. Pandemien in Geschichte, Gegenwart und Zukunft*, Herder, Berlin 2020

Gabriel, Markus, *Moralischer Fortschritt in dunklen Zeiten. Universale Werte für das 21. Jahrhundert*, Ullstein, Berlin 2020

Gabriel, Markus, *Fiktionen*, Suhrkamp, Berlin 2020

Glettler, Hermann; Lehofer, Michael, *Trost. Wege aus der Verlorenheit*, Styria, Wien 2020

Hwang, Tim, *Subprime Attention Crisis. Advertising and the Time Bomb at the Heart of the Internet*, Macmillan, New York 2020

Irvine, William B., *Eine Anleitung zum guten Leben: Wie Sie die alte Kunst des Stoizismus für Ihr Leben nutzen*, Finanz-Buch, München 2020

Kahnemann, Daniel, *Noise. Was unsere Entscheidungen verzerrt – und wie wir sie verbessern können*, Siedler, München 2021

Klein, Stefan, *Wie wir die Welt verändern. Eine kurze Geschichte des menschlichen Geistes,* Fischer, Frankfurt 2021

Kucharski, Adam, *The Rules of Contagion. Why Things Spread – and Why They Stop«*, Profile Books, London 2020

Langer, Ellen J., *Mindfulness: Das Prinzip Achtsamkeit. Die Anti-Burn-out Strategie*, Vahlen, München 2015

Lanier, Jaron, *Who owns the future?*, Penguin, London 2013

Le Guin, Ursula K., *Am Anfang war der Beutel. Warum uns Fortschritts-Utopien an den Rand des Abgrunds führten und wie Denken in Rundungen die Grundlage für gutes Leben schafft*, thinkOya, Klein Jasedow 2020

Lehofer, Michael, *Mit mir sein. Selbstliebe als Basis für Begegnung und Beziehung*, Braumüller, Wien 2017

Milne, Gemma, *Smoke & Mirrors. How hype obscures the future and how to see past it*, Robinson, London 2020

Odell, Jenny, *Nichts tun. Die Kunst, sich der Aufmerksamkeitsökonomie zu entziehen*, C. H. Beck, München 2021

Rushkoff, Douglas, *Team Human*, Norton & Company, New York 2021

Seel, Martin, *Nichtrechthabenwollen. Gedankenspiele*, S. Fischer, Frankfurt 2018

Solnit, Rebecca, *A Paradise Built in Hell. The Extraordinary Communities that arise in disaster*, Penguin Books, London 2010

Temelkuran, Ece, *Together. 10 Choices for a Better Now*, Harper Collins, New York 2021

Urner, Maren, *Raus aus der ewigen Dauerkrise. Mit dem Denken von morgen die Probleme von heute lösen*, Droemer Knaur, München 2021

West, Geoffrey, *Scale. Die universalen Gesetze des Lebens von Organismen, Städten und Unternehmen*, C. H. Beck, München 2019

Anmerkungen

1 Elisabeth von Thadden: »Unsere Grenzziehungen zwischen Natur und Kreatur sind überholt,« Interview mit Corine Pelluchon, *ZEIT Online*, 10. 04. 2021, https://www.zeit.de/kultur/2021-04/corine-pelluchon-philosophie-corona-krise-pandemie-zukunft

2 Kiasmos & Högni, »Zebra (1+1 = X)«

3 Tara Law, »We're in the Third Quarter of the Pandemic. Antarctic Researchers, Mars Simulation Scientists and Navy Submarine Officers Have Advice For How to Get Through It«, *Time*, 26. 02. 2021, https://time.com/5942577/third-quarter-covid-19-pandemic-advice/?utm_medium=email&utm_source=sfmc&utm_campaign=newsletter+health-thursday+default+ac&utm_content=+++20210325+++body&et_rid=92305293

4 Michael Lehofer, *Mit mir sein, Selbstliebe als Basis für Begegnung und Beziehung*, Wien 2017, S. 131

5 Lea Dohm, Malte Klar, »Einstehen für das, was uns am Herzen liegt«, *Psychologie Heute* 5/21, S. 33

6 Thinktank Global Future, Studie »How Covid changed our minds«, 12. 07. 2021, https://ourglobalfuture.com/reports/how-covid-changed-our-minds

7 Klaus Bergdolt, *Der Schwarze Tod in Europa, Die große Pest und das Ende des Mittelalters*, München 2017, S. 31

8 Giosuè Carducci, zitiert nach Bergdolt 2017, S. 63

9 Frank Snowdon: »Dies ist eine Gelegenheit, die Welt sicherer und besser zu machen«, *Die Zeit*, 10. 02. 2021

10 Stefan Klein, *Wie wir die Welt verändern, Eine kurze Geschichte des menschlichen Geistes*, Frankfurt a. M. 2021, S. 229

11 Egon Fridell, *Kulturgeschichte der Neuzeit*, München 1969, S. 63

12   Charles A. Goodhart, Donato Masciandaro & Stefano Ugolini (2021): »Pandemic Recession, Helicopter Money and Central Banking: Venice, 1630«, Discussion Paper, Januar 2021, http://eprints.lse.ac.uk/108555/1/Goodhart_pandemic_recession_helicopter_money_central_banking.pdf

13   Giosuè Carducci, zitiert nach Bergdolt 2017, S. 152

14   Johannes Böhme, »Heilsame Krise: In schwierigen wirtschaftlichen Zeiten leben die Menschen gesünder – und länger. Wie kann das sein?«, in: *brand eins* 12/2020

15   Rebecca Solnit: *A Paradise Built in Hell, Extraordinary Communities That Arise in Disaster*, New York 2009, S. 2

16   Vgl. Solnit 2009, S. 135 ff.

17   Vgl. Solnit 2009, S. 305

18   Simran Jeet Singh, »In India, Civil Society Groups Fill the Void as the Government Fails to Confront CO-VID-19«, *Time Magazine*, 14. 05. 2021, https://time.com/6047859/india-covid-19-civil-society-groups

19   Niall Ferguson, »Nach Corona: Die Welt hat sich verändert. Wir müssen das auch«, *Neue Züricher Zeitung*, 11. 05. 2020, https://www.nzz.ch/feuilleton/niall-ferguson-wie-das-coronavirus-unsere-welt-veraendert-ld.1555945

20   Ein einziger Vortrag kann Roslings Energie wunderbar zeigen: https://www.youtube.com/watch?v=Sm5xF-UYgdg

21   Wer sich einmal richtig knallharte Wandlungstheorie reinziehen möchte, dem empfehle ich den Vortrag des amerikanischen Komplexitätsforschers Nathan Kurz über »Bifurcation Theory«. Ich habe Sie gewarnt! https://www.youtube.com/watch?v=aHs3pnpeJ38

22   *Ada* Newsletter, Frühjahr 2021, https://ada-magazin.com/de/-de

23   Jaron Lanier, *Zehn Gründe, warum du deine Social Media Accounts sofort löschen musst*, Hamburg 2018

24 Medienpädagogischer Forschungsverbund Südwest, *JIM-Studie 2020*, Stuttgart 2020, S. 20

25 K-Hole, *Youth Mode: A Report On Freedom*, S. 27, https://khole.net (Übers. d. Autors)

26 Moya Sarner, »The Social Biome: How to Build Nourishing Friendships – and Banish Loneliness«, The Guardian, 24. 03. 2021, https://www.theguardian.com/lifeandstyle/2021/mar/24/the-social-biome-how-to-build-nourishing-friendships-and-banish-loneliness (Übers. d. Autors)

27 Jack Kelly, »Google Wants Workers to Return to the Office Ahead of a Schedule: This Looks Like a Blow tot he Remote-Work Trend«, *Forbes*, 01. 04. 2021, https://www.forbes.com/sites/jackkelly/2021/04/01/google-wants-workers-to-return-to-the-office-ahead-of-schedule-this-looks-like-a-blow-to-the-remote-work-trend/?sh=11a0b31f1575 (Übers. d. Autors)

28 Evelyn Blackwell, »Do you have a fear to return to the office?«, *The Guardian* 23. 05. 2021 (Übers. d. Autors)

29 Annie Auerbach, *Flex: Reinventing Work for a Smarter, Happier Life,* New York 2021, S. 12 (Übers. d. Autors)

30 »The Pandemic Revealed How Much We Hate Our Jobs, Now We have a Chance to Reinvent Work«, *TIME Magazine*, 24. 02. 2021, https://time.com/6051955/work-after-covid-19/

31 Luisa Jacobs, »Die Viertagewoche könnte auch in Deutschland funktionieren«, Interview mit Jack Kellam, ZEIT Online, 08. 07. 2021, https://www.zeit.de/arbeit/2021-07/island-4-tage-woche-reduktion-arbeitszeit-politikwissenschaftler-jack-kellam

32 Laurie Penny, »Productivity is not working«, *Wired*, 17. 04. 2021, https://www.wired.com/story/question-productivity-coronavirus (Übers. d. Autors)

33 Michael Goldhaber, »Attention Shoppers!, The Currency of the New Economy won't be money, but attention«, *Wired*, 12. 01. 1997, https://www.wired.com/1997/12/es-attention (Übers. d. Autors)

34 Jenny Odell, *Nichts tun, Die Kunst, sich der Aufmerksamkeitsökonomie zu entziehen*, München 2021, S. 137

35 »As lockdowns lift, media firms brace for an ›attention recession‹«, *The Economist*, 01. 07. 2021

36 Siehe auch: »Autorin Susanne Kaiser über radikalisierte Männer«, WDR3 Resonanzen, 17. 11. 2020, https://www1.wdr.de/mediathek/audio/wdr3/wdr3-resonanzen/audio-autorin-susanne-kaiser-ueber-radikalisierte-maenner-100.html

37 Ece Temelkuran, *Together – 10 Choices for a Better Now*, London 2021, S. 84 (Übers. d. Autors)

38 Michael Baumgart, William McDonough, *Intelligente Verschwendung, The Upcycle: Auf dem Weg in eine neue Überflussgesellschaft*, München 2013

39 siehe auch den wunderbaren Film von Sara Tirelli und Jens Nicolai: https://www.spiegel.de/panorama/gesellschaft/venedig-nach-corona-zurueck-zum-massentourismus-a-4bd1cea2-3ff1-4478-a1de-1dffda613707

40 Aus dem Text des deutschen Pavillon-Programms, https://www.e-flux.com/announcements/394001/2038-the-new-serenity (Übers. d. Autors)

RE-GNOSE STATT PRO-GNOSE: IM RÜCKBLICK WERDEN WIR UNS WUNDERN

Krisen verändern die Welt. Unsere Vorfahren haben sich stets auf neue Bedingungen eingestellt. Deshalb hat unsere Spezies den Planeten erobert. Jetzt erfahren auch wir eine Krise, die alles erschüttert und in unser Leben eingreift. Geht es danach weiter wie bisher? Oder erleben wir einen Kulturwandel, in dem alles seine Richtung ändert und eine völlig neue Zukunft entsteht? Matthias Horx übt mit seinen Lesern die Re-Gnose, die Selbst-Veränderung durch rückblickende Vorausschau – mit einer überraschenden Erkenntnis.

Matthias Horx
Die Zukunft nach Corona

Hardcover
Auch als E-Book erhältlich
www.ullstein.de

»Gute Zeiten fördern die Langeweile. Krisen sind kreativ.«

Matthias Horx beschäftigt sich seit über 25 Jahren mit der Zukunft und ganzheitlichen Ansätzen der Prognostik. Seit 10 Jahren gilt sein besonderes Interesse den mental-psychologischen Dimensionen der Zukunftsforschung. Daraus ist die Disziplin des »Neurofuturismus« entstanden, eine Kognitionswissenschaft des Wandels. Horx zeigt, wie Ängste und Mythen unsere Zukunftsbilder verzerren, wie archaische Gefühle zu prognostischen Fehlannahmen führen, und wie wir durch diese Verzerrungen hindurch dennoch Welt und Wandel erkennen. Dieses Buch fasst in 15½ Regeln zusammen, wie wir uns auf konstruktive Weise mit der Zukunft verbünden können.

Matthias Horx
15½ Regeln für die Zukunft
Anleitung zum visionären Leben

Hardcover mit Schutzumschlag
Auch als E-Book erhältlich
www.ullstein.de